Chinese Hotel
Marketing Experience
TOP 100 FORMS

中国式酒店
市场营销
百大表格

刘超 编著

中国式酒店顾问机构
WBSA世界商务策划师联合会
大连理工大学出版社

图书在版编目（CIP）数据

中国式酒店市场营销百大表格 / 刘超编著. --大连：
大连理工大学出版社，2012.6
ISBN 978-7-5611-6975-9

Ⅰ．①中… Ⅱ．①刘… Ⅲ．①饭店－市场营销学－
研究－中国 Ⅳ．①F719.2

中国版本图书馆CIP数据核字(2012)第114432号

出版发行：大连理工大学出版社
　　　　　　（地址：大连市软件园路80号　邮编：116023）
印　　刷：大连金华光彩色印刷有限公司
幅面尺寸：165mm×240mm
印　　张：15.5
出版时间：2012年6月第1版
印刷时间：2012年6月第1次印刷
责任编辑：裘美倩
责任校对：王丹丹
装帧设计：金鳞品牌形象策划（大连）有限公司

ISBN 978-7-5611-6975-9
定价：45.00元

电话：0411-84708842
传真：0411-84701466
邮购：0411-84703636
E-mail:designbooks_dutp@yahoo.com.cn
URL:http://www.dutp.cn

如有质量问题请联系出版中心：（0411）84709246　84709043

序
Preface

随着我国饭店业新一轮兴建热的到来，外国大型饭店集团纷纷进入国内市场，攻城略地；国有饭店和饭店公司也积极调整策略，或集团化，或创建新品牌，或积极开拓市场和业务，扩大市场份额。管理理念也由模仿西方饭店管理思想向管理模式创新发展。仅仅依靠传统的市场营销策略已经难以与掌握先进管理理念和经营决策方法的世界饭店业大鳄们抗衡。中国饭店业呼唤新知识、新方法，尽快武装自己，以提高竞争力，加快与国际接轨的步伐。

学习、实践，再学习、再实践，在饭店业对于市场营销管理的应用与实践，作者摸爬滚打已20年了。饭店管理者、MBA 学院教授、学术研究、高级管理顾问诸多工作交叉在一起，一直致力于创建体现中国人智慧的饭店管理思想与新营销模式。"凡事都有规则"，可以说是西方饭店管理的一大特色。《中国式酒店市场营销百大表格》，是作者在深入实践的过程中，直接管理并参与实践，深化学习并借鉴，帮助解决中国饭店业市场营销存在的一些普遍性的问题而形成的，通过表格规范管理也形成了解决问题的独特风格。自古就有"无图不成志，有志必载表"的定例。表体的创立始于司马迁，他在《史记》中运用大量表体，将历史上那些传不胜传的历史人物，以表存其事，既节省文字，又与世家列传相补充。

本书在多年实践的基础上，通过借鉴西方饭店技术与文化两个系统，并进行有效的本土改良，用表格形式通过化繁为简、取零为整、纵横比较、概括综合等方法将大量的市场营销信息情报、资料、数据进行处理总结，使营销管理工作更加规范化、系统化，并极大地提升酒店收益管理，是在20年解决问题的过程中所进行的提炼和总结。

本书的写作过程，也是思想和理论不断实践与检验的过程。在这一过程中，我的同事们也给予了我无私的帮助，这本书也融入了他们的智慧和心血。这本书是我们共同努力的成果，也是我们深厚友谊的见证。李戈、许晶、苏志先、卢乐、董志明、赵林芳、宋媛媛等同事参与了其中部分章节的写作和修改。徐艳对书稿进行了认真的整理和编辑。渠道开发经理牟忠华以他的睿智和细致帮我对全书做了全面的策划编排与归纳整理。精美插图的选择与配设由资深美编张国顺设计提供。这份用心和辛苦真的令我十分感动，在此对他们付出的劳动表示感谢。

　　无论是作为一名研究者，或高层管理人员，我为中国式酒店业不断进步的期望和努力是永恒的，与朋友们共同推动中国饭店业走向国际化的信心是坚定不移的。

　　细想起来，我对饭店业市场、管理诸多方面能有今天的认识，还要感谢助我"圆梦"的领导、事业知己、业内资深专家，现任大连百年汇豪生酒店总经理蒋伟跃先生。没有平台的支持、没有思想的融合与大胆实践、没有引导与鼓励，就没有今天读者所看到的这本书。

　　"百大表格"也许难以全面地解决营销管理问题，中国式酒店的营销创新也不是单纯靠哪一个人能够完成的，需要我们每一个人从自己可以操作的层面和范围去勇敢地实践。

　　我们一定会成功！

刘超

2012年6月

大连

目 录 CONTENTS ◎

第 ❶ 章
CHAPTER ONE

销售员的培训与
评估管理
Sales Staff Training
and Evaluation Management

我承认浮躁是一种时代必然。

同样教育背景的人，

有人月薪几万人民币，有人千元百元，人心不可能不浮躁。

但是你必须把手头的工作做好，才能真正进入一个成功者的境界。

所谓成功者，并不单纯指亿万千万富翁，

也包括那些完美地完成一项工作，

进而完成每项工作的人。

第一章
CHAPTER ONE

销售员培训计划样本

编号	培训项目	培训项目具体化	培训目标	培训标准	培训时间
1	饭店概况	机构设置、管理模式、员工福利计划、销售政策等			
2	市场	行业、客户类型、趋势、增长机会			
3	产品	什么产品、价格、规格、特点、利益			
4	报告和记录	如何写业务报告、记录			
5	区域管理	区域销售力量培植、客户拜访、日程安排等			
6	销售技巧与艺术	联系沟通的技巧、销售陈述的技巧等			
7	销售工具	哪些销售工具更有效、如何使用销售工具			
8	应付拒绝	客户为什么拒绝、对付拒绝的策略有哪些			
9	察言观色	如何把握预订暗示、如何使之成为现实			
10	工作习惯	工作习惯的受益、销售员应养成哪些良好的习惯			

备注：培训项目栏根据自身需要及实际情况进行内容扩充，一般与每项细化的《服务标准培训记录表》配合使用。

服务标准培训记录表

部门：　　　　分部门：　　　　　岗位/职位：　　　　　姓名：

序号	培训课程名称	培训日期	培训时间	培训者签名	达到标准			备注	员工签名
					熟练	掌握	了解		
1									
2									
3									
4									
5									
6									
7									
8									
9									
10									
11									
12									
13									
14									
15									
16									
17									
18									
19									
20									
21									
22									
23									
24									
25									

入职日期：　年　月　日 请部门培训员在　　天内完成培训并将表返回HR，期间有抽查。培训经理：

备注：此表是员工接受部门培训的记录，培训者签字即承诺认真执行培训工作；员工签字即表示已接受培训，并保证在岗位上执行相关服务标准，此表是双方的文字承诺记录。

销售员岗位基础工作量化考核表

员工姓名	定额	销售员1		销售员2		销售员3		销售员4		工作量总计	
工作任务类型		周	月	周	月	周	月	周	月	周	月
外出销售拜访	8个/天										
电话销售	80个/天										
传真销售	80个/天										
短信、E-mail销售	160个/天										
店内拜访	4个/周										
市场新开发	4个/周										
竞争对手数据收集	1次/周										
公寓长住客信息收集	3个/周										
宴会及会议信息收集	3个/周										
月饼年礼团购信息收集	每天采集										
店内外宴请	2次/周										
会员奖计划推介	每周20个名片										

备注：如果不能外出拜访客户，则需按照规定数量完成店内销售工作。

销售部员工行为评估表

姓名_____ 　　员工编号_____

部门_____ 　　级别_____

职务_____

时间: 从_____ 至 _____

评估项目	评分	满分	评语
出勤			
仪表			
人际关系			
工作热情			
专业知识			
工作效率			
主动性			
语言表达			
纪律遵守			
其他总体能力			

总体评价

□杰出 　　□优良 　　□一般 　　□不合格

审核人意见:

同意转正

□延长试用期从_____ 至_____

□同意升职从 _____ 至_____

□工资调整从 _____ 至_____

□不合要求

改进和提高意见:

培训和发展建议:

评审人_____ 　　职员签名_____

职务 _____ 　　日期_____

部门总监_____ 　　总经理_____

备注: 评估内容根据自身实际情况可进行扩充。

销售员行动目标标准汇总表

	饭店目标	销售员1	销售员2	销售员3	销售员4
客户管理	每日平均联系拜访的客户数				
	联系、拜访总次数（每月）				
	每一客户平均停留时间				
	每一客户平均联系拜访次数				
	负责的客户数				
	每一客户每月平均客源量				
开发新客户	联系、拜访客户数（每月）				
	联系、拜访次数（每月）				
	合同签约数量				
	每一客户每月平均客源量				
	每日平均接受预订量				
销售额等	每月销售额				
	毛利				
	每月回款率				
	其他				

留下良好第一印象的自我检查表

	具体的内容	自我检查	
		合格	不合格
1 自信	1.对公司及商品好好研究一番，并充满自信 2.对销售活动充满自信和自尊 3.好好地做好访问的心理准备		
2 服装	4.整理好自己的服装仪容 5.随身携带的物品必须清洁整齐 6.皮箱及皮包里也要井然有序		
3 仪态	7.保持良好的体能状态 8.努力去发掘对方的长处所在 9.在镜子前面检查一下自己的仪表		
4 打招呼	10.使用优美的寒暄言词 11.自我介绍必须简洁有力， 　　才能留给对方深刻的印象 12.介绍公司时必须简洁，并富有魅力		
5 感谢	13.由衷地感谢对方与你会面 14.称赞对方或公司的长处 15.用明朗的声音、清晰的口齿说话		
6 动作	16.熟悉基本动作 17.留心机敏的动作 18.对客户要抱着尊敬之心		

销售人员必须具备的基本能力

能力	能力表现在行动上的结果
1. 理解力·判断力	1. 正确地了解事情，并能判断事情
2. 记忆力	2. 正确地记住重要的事情
3. 决断力	3. 在必要的情形下能当机立断
4. 意志力·忍耐力	4. 忍耐力强，坚持到底
5. 感情安定性	5. 情绪稳定
6. 协调性	6. 能够接纳并协助他人
7. 主体性	7. 不依赖他人，能自己思考、行动
8. 积极性	8. 就算没接到命令，自己也能事先展开行动
9. 创造性	9. 能够想到新点子
10. 感受性	10. 对于各种资讯都很敏感
11. 面对面影响力	11. 能够留给别人良好的第一印象
12. 表现力	12. 充分用语言或文字表达自己的想法
13. 说服力	13. 让对方了解你，帮助你
14. 求知的欲望	14. 对各种事物都抱着好奇心
15. 问题分析力	15. 能分析问题的本质及原因所在
16. 要点掌握能力	16. 正确地掌握住事情的重点
17. 目标达成欲望	17. 在质和量两方面，都能向更高的目标挑战
18. 企划及计划力	18. 创造新的构想，并按计划实行
19. 控制力	19. 掌握计划进行的状况，并付诸实现
20. 应变力	20. 脑筋灵活，能随机应变
21. 执著	21. 对凡事都抱着执著之心，绝不放弃
22. 压力忍耐性	22. 能承受压力
23. 同理心	23. 理解对方的心理
24. 挑战心	24. 勇于尝试新的事情
25. 社交能力	25. 善于与人交际来往

订立访问计划的十一条重点

订立每日的访问计划，其重点的整理如下：

No.	重点	自我评估	
		合格	不合格
1	早上尽早出发，回公司后也需有效率地工作		
2	将重要约会、客户、交易成功率高的客户等优先预约		
3	不要计划得太紧凑以防意外紧急之事		
4	不顺利的工作在今天之内处理		
5	不要只顾着眼前的销售，也得为开拓新顾客做准备活动		
6	先熟知拜访地的路径及交通状况，减少时间的损失		
7	先预订拜访时间及逗留时间，以面谈之预期成果去考虑洽谈内容、方式		
8	尽可能预约洽谈的时间		
9	想好如何运用等候及中间空闲的时间，做好必要的准备		
10	先决定好预备去访问的客户		
11	制定充分运用时间的计划		

一个良好接触阶段的指导方针

*为拜访及开场作准备

*守时

*吸引注意

*和谐洽谈

*谨记拜访的目的

*引导性的问题

*让客户尽量说话

*避免文化及宗教的讨论

*谨记客户的个人资料

*小心语调

*谨记对客户重要的资料

*确定时间

*谨记要说的第一句话

销售结构

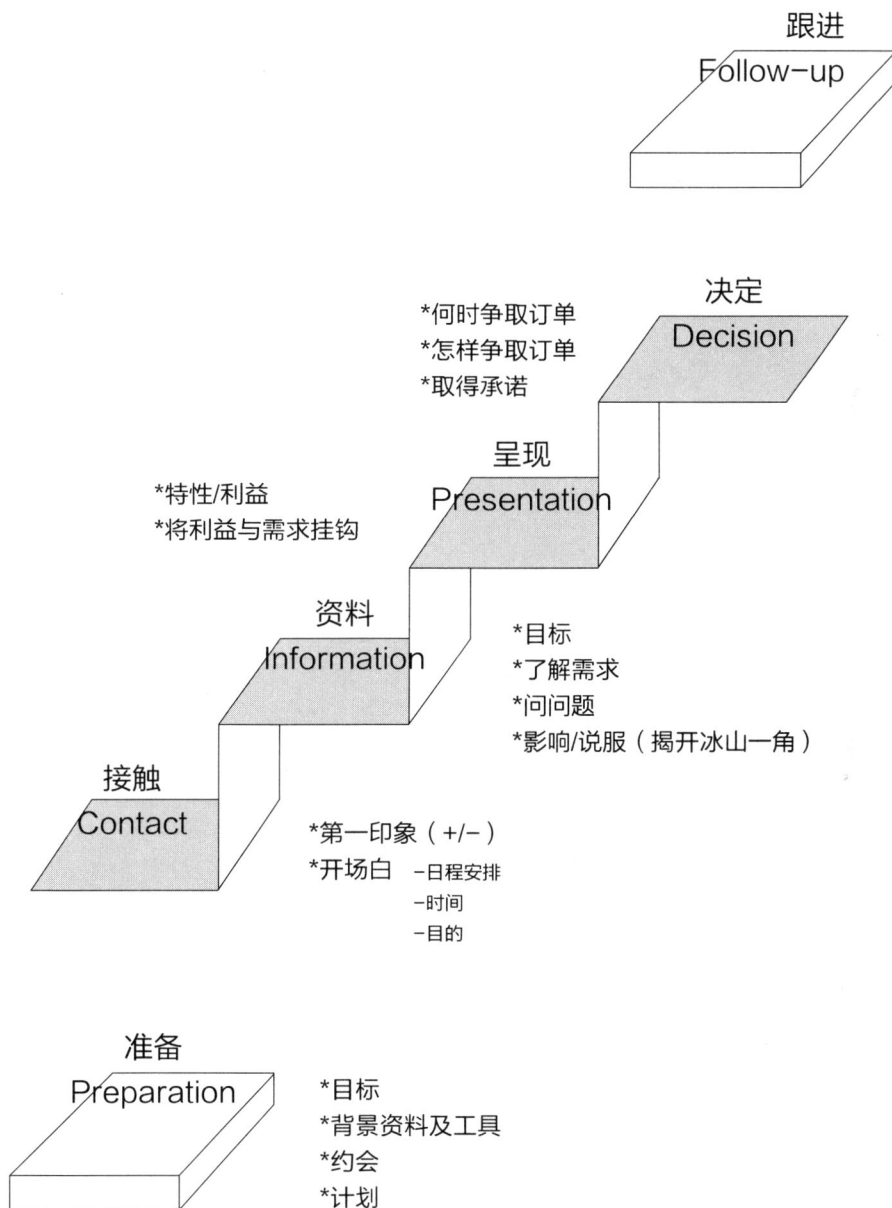

销售部员工离职通知函

尊敬的　　　　阁下：

　　感谢阁下长久以来对敝酒店的惠顾及对酒店原_____销售经理_____工作的大力支持！_____由于个人原因，现已离职，酒店对其在职期间所做出的贡献表示感谢！为了不影响对阁下及贵公司的服务，即日起，酒店将指派市场销售部负责阁下所在区域的销售工作，以便于一如既往地为阁下提供周到细致的服务！

　　人员更迭，品质不变！

顺祝

　　　　　　　　商祺

　　　　　　　　　　　　_____酒店 市场销售总监
　　　　　　　　　　　　　　年　　月　　日

离职交接单

姓名			职务		
职位			联系方式		
物品交接情况					

	办公用品：		移交情况	部门负责人签字
本部门	□计算器	□电话座机	已顺利移交□	
	□三层架	□书笠		
	□装订器	□起钉器	未顺利移交原因：	
	□笔筒	□名片夹		
	□A4文件夹	□黑色夹子		
	□透明胶座	□垃圾桶		
	□文件柜钥匙	□直尺		
	□胶棒	□打孔器		
	□电脑密码	□系统密码	被交接人签字：	
	低值易耗品：		移交情况	部门负责人签字
	□摄像机	□照相机	已顺利移交□	
	□充电电池	□充电器		
	□录音笔	□裁纸器	未顺利移交原因：	
	□配色光谱	□移动硬盘		
	□广告素材	□图库		
	□	□		
	□	□	被交接人签字：	
	□	□		
财务部	□未结款项	□金额：	交接人签字：	
	□待跟进款项	□金额：	交接人签字：	
	□个人借款	□金额：		
	□其他	□金额：		
	原因：			
工作交接	所有日常工作事项交接：		移交情况说明：	
	客户联络方式（名片记录等）；应收款明细；会议，商散客户待跟进事宜		是否顺利交接：	
	原因：			

签名：　　　　　　　　　　　　　　　　　日期：

备注：
1.每项应由被交接人在"□"内打"√"，部门直接负责人在经过确认后签字生效。
2.没有项须填写"无"，如有其他低值易耗品请在表中列出。

WBSA确定的"商务策划"概念：经济组织为了谋求自我生存的最佳环境和市场竞争的必要优势而进行的创新性或精密型的决策思维方式。它有三个内在的基本特征：相对新颖性或精密性、相对超前性、可操作性。

销售员销售管理类

Salesperson Sales Management

人生的伟大目标都是从养活自己开始，

立足生存，追求梦想，

这就是从卑微的工作干起的基本意义所在。

靠自己的劳动生存，永远是最基本的追求！

只有把胃填饱之后，

才有机会充实头脑，

提升自己。

第二章
CHAPTER TWO

- 每日拜访销售报告
- 每日传真销售报告
- 每日电话销售报告
- 每日短信及邮件销售报表
- 每日带客人参观酒店登记表
- 销售部周销售报告
- 每周销售活动报告
- 销售总监每月销售报告简介
- 酒店_____年__月份销售计划
- 每月出租车费报销与销售拜访费用统计
- 重点客人接待计划表
- 宴请申请表
- 免费房申请表
- 新开发客户统计表
- 客户生日报表
- 大密度促销每日拜访销售报告

每日拜访销售报告

销售经理：

日期：

序号	公司名称	负责人	职务	联系电话	传真	邮箱	信息反馈
1							
2							
3							
4							
5							

上午

序号	公司名称	负责人	职务	联系电话	传真	邮箱	信息反馈
1							
2							
3							
4							
5							

下午

新客户名单

公司名称	电话/传真	地址	联系人	预计年产量

每日传真销售报告

姓名：

日期：

序号	公司名称	负责人	职务	传真	客户反馈	跟进日期
1						
2						
3						
4						
5						
6						
7						
8						
9						
10						
11						
12						
13						
14						
15						
16						
17						
18						

每日电话销售报告

销售人员：　　　　日期：

序号	公司名称	负责人	职务	电话	客户反馈	跟进日期
1						
2						
3						
4						
5						
6						
7						
8						
9						
10						
11						
12						
13						
14						
15						
16						
17						
18						

每日短信及邮件销售报表

制表人：　　　　　　　制表日期：　　　　　　短信群发数量：　　　　　　E-mail群发数量：

序号	客户姓名	公司名称	公司电话	接收手机号码	电话跟进情况	E-mail	对方是否回复	备注
1								
2								
3								
4								
5								
6								
7								
8								
9								
10								
11								
12								
13								
14								
15								
16								
17								
18								

每日带客人参观酒店登记表

日期	公司	联系人	联系电话	销售人员	客户需求

备注：须索取客户名片及详尽客户需求信息等。

销售部周销售报告

一.本周签订合同数量（＿＿份）及明细

公司名称	电话	合同价格	公司名称	电话	合同价格

二.本周宴请客户情况

三.本周完成业绩情况

客房销售业绩统计(从＿＿月＿＿日至＿＿月＿＿日)

公司名称	电话	合同价格	公司名称	电话	合同价格

餐饮销售业绩统计(从＿＿月＿＿日至＿＿月＿＿日)

公司名称	电话	合同价格	公司名称	电话	合同价格

四.本周拜访客户明细

登门拜访数量（＿＿个）及主要明细

公司名称	联系人	拜访主要内容阐述

邮件或传真销售数量（＿＿）及重点客户阐述

公司名称	联系人	拜访主要内容阐述

电话拜访数量（＿＿）及重点客户阐述

公司名称	联系人	拜访主要内容阐述

五.客户反馈意见

公司名称	具体内容

六.本周接待会议及团队情况

公司名称	联系人	用房情况	用餐及会议室使用情况

七.正在跟进的会议、大型团队及长住房情况

公司名称	具体内容

八.流失客户

公司名称	总体消费情况	流失原因

九.本周重点工作阐述

每周销售活动报告

销售人员：＿＿＿＿＿＿　拜访次数：＿＿＿＿＿＿
日期：从＿＿＿＿＿＿至＿＿＿＿＿＿　地点：＿＿＿＿＿＿
内容：＿＿＿＿＿＿

日期	时间		客户名称	上次拜访时间	理由			结果		
	外出访问	酒店约会			新客户	定期访问	跟进访问	确认预订	争取预订	丢失预订
周一										
周二										
周三										
周四										
周五										

销售总监每月销售报告简介

1.本月销售综述

（1）散客市场

客房产量＿＿＿＿＿＿＿＿＿＿间夜，总收入＿＿＿＿＿＿＿元

其中公司产量＿＿＿＿＿＿间夜，总收入＿＿＿＿＿＿＿元

旅行社产量＿＿＿＿＿＿＿间夜，总收入＿＿＿＿＿＿＿元

　　散客市场高产客户排行榜

姓名:　　　　日期:

序号	客户名称	间夜	平均房价	客房收入
1				
2				
3				
4				
5				
6				

（2）团体市场

客房产量＿＿＿＿＿＿＿＿＿＿间夜，总收入＿＿＿＿＿＿＿元

其中海外旅行社产量＿＿＿＿＿＿间夜，总收入＿＿＿＿＿＿＿元

国内旅行社产量＿＿＿＿＿＿间夜，总收入＿＿＿＿＿＿＿元

会议产量＿＿＿＿＿＿＿＿＿＿间夜，总收入＿＿＿＿＿＿＿元

　　团体高产客户排行榜

姓名　　　　日期

序号	旅行社/会议组织	间夜	平均房价	客房收入
1				
2				
3				
4				
5				
6				

（3）长住市场

客房产量＿＿＿＿＿＿＿＿＿＿间夜，总收入＿＿＿＿＿＿＿元

（4）总体分析

客房收入＿＿＿＿＿＿＿＿间夜，收入＿＿＿＿＿＿＿元

平均房价＿＿＿＿＿＿＿元，增长/减少＿＿＿＿＿＿＿%

客房入住率＿＿＿＿＿＿＿%，增长/减少＿＿＿＿＿＿＿%

酒店_____年__月份销售计划

一.本月经营完成情况

经营	出租率	平均房价	Revpar	营业收入
本月实际				
与上月同比				

二.本月经营指标情况

经营	出租率	平均房价	Revpar	营业收入

三.本月销售计划

计划	落实时间	实施人	上月客源比例	本月客源比例

每月出租车费报销与销售拜访费用统计

销售人员姓名：

序号	拜访日期	公司名称	路线 从	路线 至	车费	餐费
1						
2						
3						
4						
5						
6						
7						
8						
9						
10						
11						
12						
13						
14						
15						
16						
17						
18						

序号	拜访日期	公司名称	路线 从	路线 至	车费	餐费
19						
20						
21						
22						
23						
24						
25						
26						
27						
28						
29						
30						
31						
32						
33						
34						
35						
36						

重要客人接待计划表

客人情况

团名或客人姓名：_____

人数：_____外宾：_____内宾：_____

身份：_____

抵店时间：_____

离店时间：_____

住房及费用：_____

外宾用房：总统房_____间；公寓_____间；双人房_____间；套房_____套

陪同用房：总统房_____间；公寓_____间；双人房_____间；套房_____套

费用：　　　　　公费　自费　　　　　　　　　　　　公费　自费

外宾用房：房租　□　□　　　陪同用房：房租　□　□

　　　　　饮料　□　□　　　　　　　　饮料　□　□

　　　　　洗衣　□　□　　　　　　　　洗衣　□　□

　　　　　电话　□　□　　　　　　　　电话　□　□

　　　　　其他费用　□　□　　　　　　其他费用　□　□

VIP房间（放鲜花水果）_____间；鲜花水果费用：_____

特别要求：_____

用餐及宴会

宴会时间：___月___日___时___分；人数___，分___台

标准：每位_____元（不包含酒水），地点：_____

出席主人：_____

特别要求：_____

平时用餐：人数_____，标准：每人每天_____元

　　　　　忌食_____清真_____素食_____

　　　　　地点：_____

　　___月___日___时___分，___式餐；___月___日___时___分，___式餐

特别要求：_____

车辆安排

车型：_____数量___台；用车时间___月___日___时至_____月___日___时

车型：_____数量___台；用车时间___月___日___时至_____月___日___时

车型：_____数量___台；用车时间___月___日___时至_____月___日___时

目的地：_____

特别要求：_____

付款方式：　□现付　　□支票　　□转账

联系人：_____电话：_____住店房号：_____

特别要求：_____

宴请申请表

填表日期：

申请人：_____ 申请部门：_____ 宴请日期：

宴请单位：_____

宴请客人姓名：_____ 职位：_____ 电话：

金额合计（大写）：_____（小写）

事由：

部门总监：_____ 财务总监：_____ 总经理：

免费房申请表

客人姓名：_____ 人数：_____ 日期：_____

入住日期：_____ 离店日期：_____

房间类型：_____ 房间数量：_____早餐：_____

公司/旅行社：_____

付费方式：_____

申请原因：_____

特殊要求：_____

申请人：_____ 部门总监：_____ 总经理：_____

新开发客户统计表

序号	客户名称	联系人	电话	传真	E-mail	地址	合同价格		生效日期	销售人员
							散客	团体		
1										
2										
3										
4										
5										
6										
7										
8										
9										
10										
11										
12										
13										
14										
15										
16										
17										
18										

客户生日报表

房号	房型	姓名	生日	房价	到店日期	离店日期	VIP	次数	国籍	公司名称	备注

备注：此表针对住店客人。但针对预订人及生意决策人也同样需要收集并整理重点客户生日档案，进行有效客户维护。

大密度促销每日拜访销售报告

销售人员：　　　　　　　　日期：

序号	公司名称	负责人	职务	地址	信息反馈	跟进日期
1						
2						
3						
4						
5						
6						
7						
8						
9						
10						
11						
12						
13						
14						
15						
16						
17						

备注：此表仅限于定期/不定期大密度促销和异地销售拜访时使用。

所谓"移植法"就是把成熟的事物原理根据相似性复制到其他商务思维中。

第三章
CHAPTER THREE

市场调研分析管理类
Marketing Research and Analysis Management

要对自我成长负起责任的，是自己而不是老板。

每个人也应该扪心自问：

"我应该专注于什么事情？

我把这件事情做到无懈可击后，

它会让组织及个人更上一层楼吗？"

负责是成功的关键因素。

只要能对自己负责，其他的事情自然就会水到渠成。

为了让自己有责任感，

你必须非常认真地看待自己的工作并与工作一起成长。

事实上，一个人想要有所成长，除了要不自满，

更要有精益求精的心态。

第三章
CHAPTER THREE

会议突击推销调查表

单位名称：_____

地址：_____ 邮编：_____

电话：_____ 传真：_____

联系人：_____ 职位：_____

1.贵公司一年有多少会议？_____

举办时间：_____

规模：_____

计划人：_____ 职位：_____

联系电话：_____

下次会议的时间：_____

会议地点：_____

2.贵公司有订房要求吗？有_____没有_____

如果有，每月有_____人；客房用量_____间夜

常住哪里：_____

需要酒店预订吗？要_____ 不要_____

订房人：_____ 职位：_____

3.贵公司有以下计划吗？

圣诞晚会_____ 宴会_____

奖励宴会_____ 其他会议_____

组织人：_____ 职位：_____

4.贵公司是属于某些有会议需要的协会吗？

是_____ 不是_____

评论：

调查人：_____ 日期：_____

竞争对手优劣势分析 (SWOT)

自身描述

SWOT 分析	
优势（STRENGTH）	劣势（WEAKNESS）
机会（OPPORTUNITY）	威胁（THREAT）
策略与行动方案	

竞争对手1	
SWOT 分析	
优势（STRENGTH）	劣势（WEAKNESS）
机会（OPPORTUNITY）	威胁（THREAT）
策略与行动方案	

通过什么手段来实现以上的策略与行动

竞争市场近期销售推广

酒店	近期市场推广活动	有效期
本酒店		
竞争对手A		
竞争对手B		
竞争对手C		
竞争对手D		

说明：

酒店畅销产品分析表

品名			
条件		项目	详细说明
目标区域	主要购买人群所在地区	异地	
		酒店周边	
		国外	
	渠道合作	酒店直销	
		网站	
		代销	
目标顾客	性别要求	男（多、少）	
		女（多、少）	
	年龄层	10岁以下	
		10～20岁	
		20～35岁	
		35～50岁	
		50岁以上	
产品分析	畅销产品	产品内容	
		产品数量	
		产品特点	
		价格	
		不足之处	
		如何改进	
竞争对手	同类产品	同类产品性能	
		同类产品价格	
销售	促销	促销人员	
		销售展台布置	
		促销宣传方式	
其他条件			

酒店专项产品市场调研计划表

年　月　日

调研项目名称		
调研区域		调研时间
负责人		调研目标
影响调研因素		
调研方法设计		
调研进程	时间安排	进度情况
人员安排		
预　算		
预算明细		
备　注		
市场部经理意见		
营销总监意见		

酒店竞争对手节日产品调研表

酒店	产品定位	内装数量	单品重量	口味	生产厂家	价格	优惠	折后价	其他
酒店1	A档								
	B档								
酒店2	A档								
	B档								
酒店3	A档								
	B档								
酒店4	A档								
	B档								

目标市场客户群媒介习惯调查表

评价人姓名		职业	
平时经常接触的媒体			
评价项目	评价内容		
阅读对象的检查	□是否阅读全国性的报纸或有名杂志各五种以上		
	□是否阅读地方性或发行量小的杂志		
	□是否阅读时尚或高端奢侈品杂志		
	□是否阅读小型传播杂志		
	□是否浏览专业书籍或外国杂志		
内容的检查	□是否关注社会热点时事		
	□是否阅读访谈、手记、告白等纪事		
	□是否漏掉短评		
	□是否阅读专业以外、有兴趣的纪事之外的情报		
	□是否阅读休闲、餐饮、旅游、度假等情报		
整理的检查	□是否会剪下或影印有用的纪事		
	□是否会剪下有趣的纪事、挂心的纪事		
	□是否将剪下或影印的内容整理、分配		
	□是否再阅读剪下或影印的内容		
	□是否会丢弃不要的、老旧的资料，吸取新情报		
用法的检查	□是否仔细检查可利用于工作现场或企划的纪事内容		
	□可利用的纪事内容是否会调查其根据		
	□是否积极地提供其他单位可利用的内容		
	□是否准确记录纪事的出处、日期		

竞争对手信息对比

竞争对手信息	竞争对手1	竞争对手2	竞争对手3
房间数			
是否连锁			
星级			
开业时间			
最后装修时间			
是否参加GDS			
客车服务			
至机场费用			
免费机场班车			
停车场			
酒店地址			
预订电话			
预订传真			
预订邮箱			
价格体系			
门市价格			
最好可用价格—旺季			
最好可用价格—平季			
最好可用价格—淡季			
商散协议价格—旺季			
商散协议价格—平季			
商散协议价格—淡季			
会议价格—旺季			
会议价格—平季			
会议价格—淡季			
团队散客价格—旺季			
团队散客价格—平季			
团队散客价格—淡季			
旅行社价格—旺季			
旅行社价格—平季			
旅行社价格—淡季			
自助早餐价格			
自助午餐价格			
自助晚餐价格			
加床价格			
网络价格			
合同有效期			
延时退房加收费用			
配送水果标准			
房间数量			
标准房型/可升级房型数量			

（续表）

竞争对手信息	竞争对手1	竞争对手2	竞争对手3
行政/商务房型数量			
套房数量			
公寓数量 (带厨房)			
公寓数量 (没有厨房)			
其他房型			
双床数量			
大床数量			
房间设施			
空调			
宽带费用			
无限网络			
打印机			
咖啡、茶			
熨斗			
餐饮			
座位数			
餐厅1名字			
餐厅2名字			
大堂吧			
天台花园			
送餐服务			
酒吧			
的士高			
其他			
会议设施			
总面积			
会议室数量			
会议室最大面积			
商务中心会议室数量			
会议室无线上网			
娱乐			
SPA 按摩			
游泳池			
桑拿			
按摩浴缸			
日光浴			
健身中心			
美容院			
网球场			
自行车			
幼儿园			
备注			

闪电销售调查报告

销售经理：_____ 日期：_____

大厦名称：_____ 房间号：_____

公司：_____

订房人：_____先生/小姐

Address/地址：_____ Business Card：_____

Tel/电话：_____ 传真：_____

邮件地址：_____

QQ：_____ MSN：_____

商务出差

是否作过一家酒店的预订：是_____ 不是_____

与哪家酒店签订了商务协议？

_____

每年的房间量/客人使用的月份？

_____

现在使用哪家酒店？ 酒店星级？

_____

差旅预算：

_____

多久到大连一次？ _____

是否有长住需求？

_____

是否有其他城市酒店需求：是_____ 不是_____

酒店名称？ 酒店星级？ 差旅预算？

_____

会议/宴会

是否有会议和宴会的需求？ _____

多久举办一次？ _____

竞争对手信息：

_____

跟进建议：

_____

名企客户需求调查问卷

客人姓名：_____   联系方式：_____
公司名称：_____   E-mail：_____

1.阁下是第几次下榻本酒店？
□第一次   □第二次   □第三次   □三次以上

2.阁下愿意下榻本酒店的原因是：
□价格适中   □地理环境优越，交通便利   □服务周到
□公司指定   □其他_____

3.阁下一般通过何种方式预订酒店？
□通过酒店销售经理订房   □通过酒店预订部订房   □通过订房网站订房
□直接到酒店前台   □公司协议   □其他方式

4.阁下下榻本酒店一般选择的房型是：
□豪华客房   □行政客房   □套房   □行政套房

5.享用早餐时，阁下喜欢哪些食物？

_____

_____

6.阁下最喜爱本酒店冰淇淋的哪个口味？
□香草   □提拉米苏   □巧克力   □花生   □蓝莓   □香橙   □抹茶
□芒果   □草莓   □香蕉   □树莓   □西香莲

7.阁下是否享用过本酒店的国际自助餐？
□是   □否
如享用过，阁下最爱吃本酒店国际自助餐的哪几类美食？
□兰州拉面   □印度美食(抛饼及咖喱)   □各种海鲜烤肉   □日式料理
□大连老菜   □其他_____

8.阁下睡觉前，希望本酒店免费提供哪款饮品或小吃？
□牛奶   □果汁   □啤酒   □方便面   □其他_____

9.阁下是否了解本酒店的VIP会员储值卡的优惠条款？
□知道，并正在使用   □不知道   □知道，但未使用过

10.阁下购买或使用过本酒店哪些超值优惠套券?

□1990元的国际自助餐套券(需加收15%服务费)

(包含15张洛丁餐厅自助餐券（含酒水畅饮）、2张50元客房抵值券、2张50元SPA抵值券、2张20元洗衣抵值券)

□5490元的客房套券

(包含10张豪华房券，包含次日单人早餐、2张套房升级券、2张洗衣券、2张大堂吧饮品券)

□990元的国际自助餐套券(需加收15%服务费)

(包含8张洛丁餐厅自助餐券、2张健身中心体验券、1张哈罗客大堂酒廊下午茶券)

□2390元的文化之旅套券

(包含酒店自助晚餐券12张、话剧门票兑换券2张、宿星海餐厅酒吧饮品券6张、两磅生日蛋糕兑换券1张、韵SPA水疗中心按摩券1张、豪华套房升级券2张)

□399.99元的悠闲下午茶自助套券(需加收15%服务费)

(包含无限量咖啡、英国红茶、中国茶、软饮、果汁、干果、西点、水果、冰淇淋等，可免费无线上网)

□599.99元的欢乐时光自助套券(需加收15%服务费)

(包含无限量咖啡、英国红茶、中国茶、软饮、果汁、啤酒、干果、威士忌、伏特加、金酒、朗姆酒、长饮、国际精美小吃、西点、水果、冰淇淋等)

11.阁下是否知道本酒店所有区域均可为客人提供免费上网服务?
□知道，并使用过   □不知道   □知道，但未使用过

12.阁下在本酒店前台办理入住或退房时，喜欢食用我们免费提供的下面哪款糖果?
□宝路薄荷   □阿尔卑斯   □徐福记   □其他 _____

13.阁下喜欢本酒店的哪种早餐形式?
□洛丁餐厅营养自助早餐   □洛丁餐厅早午连餐
□行政酒廊营养自助早餐   □哈罗客大堂酒廊便携式商务经济早餐

14.阁下是否知道本酒店为高新园区客户提供免费班车服务? (周六、周日除外)
□知道，并使用过   □不知道   □知道，但未使用过

15.阁下是否知道位于本酒店4层的东北首家城市顶级餐厅酒吧宿星海餐厅酒吧已开业?

□知道,并光临过   □知道,但没光临过   □不知道

16.阁下是否了解本酒店为省去阁下乘坐国内直达航班时,在机场排队等候办理乘机手续等诸多麻烦,而提供的"城市值机服务",并了解便捷操作流程?

□了解,但没操作过   □了解,并使用过   □不了解

("城市值机服务"咨询电话:＿＿＿＿＿＿＿＿＿＿)

17.阁下是否体验过下列本酒店的个性服务,如体验过,请标出:

□浪漫单车服务 (酒店地处亚洲最大广场——星海广场,这是所有外地来连游客必去的旅游景点,能够凭海临风,骑单车环绕于广场之上是多么惬意!我们专门为阁下提供了免费的浪漫单车服务,卸下沉重的行囊,游骑于星海广场,享受那份属于自己的闲暇时光吧!)

□客用免过水除菌液服务 (我们的服务在于对细节的把握,正如我们在酒店前台为客人准备的"免过水除菌液",如此便捷周到的细节服务,客人岂能不满意!)

□温暖咖啡服务 (早晨,总是觉得时间很紧,在上车前往下一个目的地前,带上一杯我们专门在酒店大堂为阁下准备的免费自助现磨热咖啡或暖茶,在车中慢慢品尝,阁下的旅程将会变得暖意浓浓。)

□多品项急救箱服务 (酒店时时刻刻都考虑到客人的各类应急需求,为此,我们专设了"多品项急救箱",里面包含创可贴、甲紫溶液、金嗓子喉宝、体温计、双氧水、去痛片、棉签、红汞溶液等十余种品项,这在酒店业的对客急救箱服务中,尚属首例。)

□餐厅客用放大镜服务 (酒店一楼前台和二楼餐厅专为客人准备了放大镜,可以辅助客人轻松阅读平面资讯及对账单。)

□贴心披肩服务 (聆听浪漫乐曲,品尝英式咖啡,小憩于松软的沙发之上,原来生活是如此惬意!位于酒店一楼的哈罗客大堂酒廊是阁下享受舒适人生的最佳之所。我们还专门为阁下准备了贴心披肩,当阁下感到一丝凉意时,可向服务人员直接索取。)

□儿童天地服务 （位于酒店二层的洛丁餐厅有专为家庭用餐客人而设立的"儿童天地"，儿童可以在这里玩玩具、画画、看卡通片等，让客人不必再为因为照顾孩子而无法尽情享受美食而苦恼。）

□雨伞&烫衣板&望远镜服务（本地素有浪漫之都的美誉，雨中漫步更是别有一番情调。我们为了方便阁下的出行，专门为所有的客房配备了雨伞，放置在房间内的衣柜中，供阁下随时使用。我们还为每个房间都配备了折叠式烫衣板，以供客人熨衣物。酒店的海景套房中，专为阁下准备了观景望远镜，供阁下欣赏窗外美景使用。）

□客房影院服务（酒店特别为客人准备DVD机，并免费提供碟片！我们采购部从市场精选了56套飞利浦品牌的DVD机，并选购了40张最新最流行的碟片，可以配套供住店客人免费借用。）

□儿童贴身管家服务 （在本酒店，阁下不必再为举家旅游找不到孩童专用生活用品而苦恼，酒店特别为举家出游的您推出了儿童贴身管家服务，全方位呵护阁下的孩子。为了方便住店儿童有大小适用的物品，客房部准备了儿童浴袍、儿童拖鞋、儿童餐具、婴儿床及全套床品，可以随时免费提供给阁下。）

□客房路由器服务 （酒店客房专为客人准备了多台无线网络路由，以供客房需要多台电脑上网的客人使用。）

□血压计&轮椅服务 （住店客人只需致电宾客服务中心，便可借去我们专为客人准备的电子血压计。客人可随时监测自身血压情况。酒店的人性化服务设施一应俱全，如我们为客人专设的免费借用的轮椅，客人可以致电宾客服务中心随时借用。）

□超值迷你吧服务 （酒店客房迷你吧内品项十分丰富，且价格低廉，"五星保证，品项丰富，价格合理"，是客人的超值之选。）

□公私兼顾服务 （酒店时时刻刻都把客人的便捷放在首位，如我们的"公私兼顾服务"，为了方便客人的工作和生活，我们准备了数十种客人常用的生活用品及办公用品，供客人选购，相关费用可打在客人房费的杂项单中。如客人需要，可查看我们放在客房中的"公私兼顾品项表"，致电宾客服务中心，我们将派服务人员送到客人房间。）

□快捷电梯服务 （酒店时时刻刻都把客人的便捷、舒适放在首位，如客用电梯，酒店拥有262间客房，我们为客人配备了8部电梯，均为世界知名的日立品牌。客人等候电梯的平均时间仅为几秒，这在目前本地的酒店业中尚属首例。）

□开心糖果服务 （酒店前台为客人准备了可口的各式糖果供阁下免费品尝，当阁下办理入住时，一颗糖果会让阁下的本次入住充满甜蜜；当阁下办理退房时，一颗糖果会带给阁下温馨的回忆和我们甜美的祝福！）

□网上冲浪服务 （我酒店的所有客房均安装了高速宽带，所有的公共区域均可无线上网，阁下可以免费享受酒店提供的高速网络服务，阁下可在充满无限诱惑、无限商机的网络世界尽情冲浪！）

□专业会议顾问服务 （酒店多功能复合型会议厅个性化的设计可以满足不同客人的需求。每个会议功能厅都配有先进的视听设备，可以承办各种主题的会议、宴会及社会活动。我们推出了专业会议顾问服务，不单单为客人提供会议场地、用餐、住房等基本服务，还提出了"为客人提供全程解决方案"的概念，为客人提供会议策划、筹备、实施、会后跟进等全方位方案。）

□24小时自助提款机服务 （酒店大堂A区设有24小时服务的ATM提款机，可供客人取款使用。）

□女性丝袜服务 （酒店二层餐厅为女性客人准备了免费丝袜，女性客人在用餐时，不必再为刮坏或弄脏丝袜而苦恼！）

□好枕相伴服务 （出行在外，人们往往因为没有一个习惯舒适的枕头而苦恼。为保证阁下拥有优质睡眠，从而旅途愉快，酒店准备了不同类型的枕头供阁下选用，枕头有明目型、助眠型、护颈型、稳压型、护心型、养胃型、男性专用型及女性专用型等。）

□防染枕巾服务 （为了避免枕套的污染给阁下带来不便，酒店为阁下免费提供深颜色的枕巾，供阁下在染发后使用。如有需求，请与宾客服务中心联系。）

□家庭厨房服务 （酒店部分客房拥有小厨房，厨房内为客人配有完善的厨房用具及设备，包括冰箱和电磁炉、微波炉、饮水机等用品，卫生间内为长住客人配有品牌洗衣机及家居型的洗漱用品，让您找到了"家外之家"的温馨。）

感谢阁下在百忙之中填写此问卷，填写完毕后请致电：_____
酒店工作人员回收此问卷后将有礼品相赠！

所谓"分解法"就是指把事物的整体按照其内在的有机联系分成局部，对局部施加作用，以求更为轻易地改变事物整体。

第 IV 章
CHAPTER FOUR

市场营销策划及
促销管理类
Marketing Plan
and Promotion Management

在人生的旅程中，

我们总难免遇到挫折，遇到磨难。

但是，不能屈服，不能别人说怎样就怎样。

你要做自己的主人，

做一个坚强的自己！

我们要记住，有什么样的人生，

关键在于自己是否把命运掌握在自己手中。

就像撒在园中的种子，

如果我们不留意，有一天野草就会蔓生，

我们无须关照它太多，它自然会长得又快又多。

今天的你是真正的你吗？

你完全发挥出潜能了吗？

只要你勇敢地把命运掌握在自己手中，

向着目标执著地前行，

相信你的未来远胜今天！

第四章
CHAPTER FOUR

营销策划方案执行表

		策划内容	工作形式	执行部门	执行要点	执行时间	备注
1	销售执行	包括销售定价、产品上市、折扣执行管理、价格调整方案	销售部编制具体执行方案	销售部	价格调整方案是核心		
2	销售管理	包括现场接待、洽谈、销售统一口径管理	销售部编制具体执行方案和文本	销售部	现场管理是核心		
3	促销执行	包括促销方案编制、阶段促销计划、现场操作配合、销售培训	销售部配合市场部编制方案和应用文本	方案主体部门	促销方案编制是核心		
4	市场管理	包括市场信息管理、售前售后服务方案管理	市场部根据要点方案编制应用文本	市场部	售前售后服务方案是核心		
5	任务分配	包括岗位管理、执行流程管理、职责分类管理	市场部具体分配营销策划方案执行的任务	市场部	执行流程管理是核心		
6	形象管理	包括企业形象管理、现场形象管理	市场部出具要点方案，企划部根据要点方案编制应用文本	企划部	销售形象要求是管理核心		
7	计划管理	包括执行计划管理、准备计划管理	营销中心出具管理标准，销售部进行监督执行	销售部	执行计划管理是核心		

酒店单项营销策划方案审查表

方案名称	
方案制定目的	

方案内容概述	

审查意见		
审查人员	具体意见	修改意见
主管经理		
营销总监		
财务总监		
总经理		

单体活动宣传预算分配表

填写日期：

项目说明		开支内容	费用
设计制作费			
市场调查费			
印刷费			
媒体使用费	电视		
	广播		
	报纸		
	墙体广告		
	网络		
	其他方式		
公关费			
机动费			
总计			

酒店促销活动申请表

填写日期： 年 月 日

申请人		
市场背景分析及举办理由		
促销安排		
费用	人工	
	奖金	
	补助	
	其他	
预计收获		

填表人： 复核： 营销总监： 总经理：

酒店促销计划及预算表

年　月

日期	城市	促销方式	差旅费	招待费	总费用	针对市场	销售人员
总计							

制表人：

酒店促销活动月计划表（ 月）

填表日期：

制表人：

序号	针对产品	促销方式	促销时间 起	促销时间 止	负责人	需要各部门配合事项	预计经营	预期效果	备注

主管：

制表人：

促销活动成本分析表

项目	今年指标	占收入比率/%	实际开支	占收入比率/%	明年指标	占收入比率/%	差额/%
1.销售开支							
宴请							
差旅							
培训							
展览会							
礼品							
合计							
2.公关开支							
设备							
交际费							
摄影							
礼品							
宴请							
合计							
3.广告开支							
印刷品							
广播							
电视							
报刊							
服务指南							
合计							
4.采购开支							
邮寄费							
附带物品							
其他							
合计							
5.办公室开支							
文具							
电话/传真							
交通费							
邮寄费							
其他							
合计							
6.工资							
本地员工							
外地员工							
特聘员工							
合计							
7.市场咨询开支							
信息费							
上网费							
合计							
总计							

印刷宣传品成本分析表

项目	储量	用量	备注	年度数量指标	单位成本	指标金额
酒店简介						
酒店宣传册						
价目单						
宣传单						
销售快讯						
贵宾卡						
优惠券						
合计						
包装						
运费						
关税						
合计						

美术工作申请表格

编号：

项目:	申请人:	申请日期:
市场传讯部签收:	部门经理签名:	完成限期:

附上样稿　　　□

请填写清楚特殊要求，最好附上样稿为例

工作种类	所需时间	语言		尺寸	详述 （字体、特殊要求等）
		中文	英文		
海报／扉页					
横幅					
标志					
设计草案					
设计样稿					
拍照					
其他					

市场传讯经理签字:

修改次数:

日期	修改意见	负责人	完成人

批准:

＿＿＿＿＿＿＿ 市场传讯经理	＿＿＿＿＿＿＿ 市场销售总监	＿＿＿＿＿＿＿ 总经理

酒店美工设计过程监督表

序号	设计品名称	初稿						二次稿					终稿						数码小样					成品					
		完成时间	校对部门	取稿时间	取稿人	返稿时间	返稿人	完成时间	取稿时间	取稿人	返稿时间	返稿人	完成时间	取稿时间	取稿人	返稿时间	返稿人	送达时间	确认时间	确认人	供应商取样时间	返样人	到货时间	验货部门	验货时间	验货人	领取部门	领取人	领取数量
1																													
2																													
3																													
4																													
5																													
6																													
7																													
8																													
9																													
10																													
11																													

所谓"组合法"就是按照一定的内在联系，将多个要素联系起来，形成有机的整体，使整体价值大于各个要素的简单加和。

第 Ⅴ 章
CHAPTER FIVE

市场渠道开发与
维护管理类
Market Channel Development and
Maintenance of Management

超越，是生活中的一种享受，

是一种对生命的热爱，

是一种对生活的热爱，

一种无畏无限的爱。

生命是没有极限的，

因此生命需要不断地超越。

超越让生活中的你在一次次的梦中感受失败的苦涩；

超越让生活中的你一次次在失败后品味胜利的喜悦；

超越让生命在行走中体会激情！

在一次次的超越中，

生命也在悄悄地走向成熟；

在一次次的超越中，

生命也在悄悄地走向稳健；

在一次次的超越中，

生命也在悄悄地走向多姿多彩。

第五章
CHAPTER FIVE

● 渠道开发进度表

● 酒店市场渠道一览表

● 酒店产品渠道年度目标销售表

● 开发异地渠道差旅费用计划表

● 团购项目合作工作内容列表

渠道开发进度表

渠道专员：　　　　　　　　　客户名称：

进度日期

序号	渠道开发步骤									
1	采集目标市场可开发的销售或宣传渠道信息									
2	探讨目标渠道可行性									
3	开发建立渠道									
4	寻找渠道内目标客户资料									
5	取得联系并初步电话联系									
6	初步拜访									
7	产生意向及报价									
8	渠道主管审核									
9	渠道经理审核									
10	进行具体沟通									
11	签订合同及销售酒店产品									
12	店内跟踪服务									
13	深度开发渠道客户裙带资源									
14	渠道维护									

酒店市场渠道一览表

类别	行业细分	重点企业	联系人	联系方式	已有合作模式	渠道跟进人

酒店产品渠道年度目标销售表

产品种类：

	现有销售额	平均月销售额	目标销售额	目标利润	占总销售额比例
渠道1					
渠道2					
渠道3					
渠道4					
……					

开发异地渠道差旅费用计划表

费用	目的地			小计	合计
	目的地1	目的地2	目的地3		
1. 住宿费					
2. 餐饮费					
3. 交通费					
4. 杂费					
5. 公关费					
6. 其他费					
7. 促销费					
8. 通讯费用					
总计					

团购项目合作工作内容列表

1.团购网站市场调研
2.策划团购产品
3.制定团购网站开发计划
4.制定产品在团购网站的上线计划
5.按计划洽谈团购网站
6.确定团购合作模式
7.签署团购协议
8.按网站的要求准备团购产品的文字及图片资料
9.确认团购网页的信息准确性
10.组织酒店内部各部门召开项目协调会
11.下发团购项目需要酒店内部各部门配合及准备的相关事宜MEMO
12.配合财务指定内部操作流程（操作流程由财务下发）
13.制作项目说明书
14.培训团购兑换操作人员
15.为团购兑换操作人员指定当班班次
16.培训酒店宾客服务中心工作人员及接听团购客人咨询电话专职人员
17.培训团购产品消费场所的相关服务人员
18.设计并印刷酒店团购产品的相关宣传品
19.派发酒店团购产品的相关宣传品
20.短信群发团购信息
21.扮演消费者角色，体验团购消费全过程，查找漏洞并进行补漏工作
22.正式启动团购项目，监控兑换及消费全过程，上报产品实时销量，并将进展上报总经理
23.关注酒店针对团购项目中各环节的服务质量，同时关注团购客户在网站上及其他信息发布渠道中的团购评价，如有投诉需第一时间处理
24.配合财务部做好酒店和团购网站的项目结算工作
25.深度开发合作网站针对酒店的可利用渠道进行深度渠道嫁接
26.项目执行完毕后，形成总结上报总经理，需阐述取得的成绩与不足，并提出优化建议

所谓"重点法"就是从众多要素中寻找、确定具有带动作用的关键性要素，从关键性要素着手突破，以最小的投入，解决整体问题。

第 Ⅵ 章
CHAPTER SIX

网络市场渠道营销及
深度销售管理类
Internet Marketing Channels, Marketing and Complex Sales Management

做自己的主人，

要主宰自己的生活，掌握自己的命运，

抵达成功的彼岸。

我们每个人都是这世界上独一无二的，

没有任何人能够替代我们每个人的思想和行为，

我们应为此而自豪。

做自己的主人，要认识自己，

承认自己性格中存在的某些缺陷，并努力去改正它；

做自己的主人，要相信自己，

相信别人能做到的事，自己也能做到，

而且会做得更好，相信自己的努力一定会有好的结果；

做自己的主人，要超越自己，

超越自己的平庸，超越失败，超越生命之外的某些东西；

做自己的主人——做自己的主人，

感受一份拼搏的喜悦，感觉一份超凡的洒脱，

你会说：做自己的主人真好！

第六章
CHAPTER SIX

销售类网站对比分析表

制表人：　　　　　　　制表日期：

序号	网站名称	网站性质	网站优势	网站联系人	职位	联系电话	网站销售月平均成交量	网站销售年成交量	适合该网站销售的酒店商品
总结分析									

网络销售产品上线计划表

制表人：

制表日期：

产品序号	产品名称	网售价格	结算价格	上线时间	上线时长	上线网站	预计销售量	结算方式	备注
1									
2									
3									
4									
5									
6									
7									
8									
9									
10									
11									
12									
13									
14									

本酒店全年网络客人网评数量分析表

制表人：　　　　　　　制表日期：　　　　　　　分析网络（网络名称）：

月份 日期	1月	2月	3月	4月	5月	6月	7月	8月	9月	10月	11月	12月	共计
1													
2													
3													
4													
5													
6													
7													
8													
9													
10													
11													
12													
13													
14													
15													
16													
17													
18													
19													
20													
21													
22													
23													
24													
25													
26													
27													
28													
29													
30													
31													
共计													
分析结果													

全年竞争对手网络评价数量分析表

制表人：　　　　　制表日期：　　　　　网络(名称)：

月份 酒店	1月	2月	3月	4月	5月	6月	7月	8月	9月	10月	11月	12月	共计
竞争对手酒店A													
竞争对手酒店B													
竞争对手酒店C													
竞争对手酒店D													
竞争对手酒店E													
竞争对手酒店F													
竞争对手酒店G													
竞争对手酒店H													
……													

网络评价月汇总一览表

网络来源	评价日期	整体卫生	整体服务	设施设备	位置环境	综合评分	评价内容	评价反馈
问题汇总								

网络客人店内维护月统计表

制表人：　　　　统计月份：

日期	当日网络客人住店总数	当日网络订房预抵数量	有效电话拜访数量	网络客人签署订房协议数量	店内拦截网络客人投诉数量	投诉内容	投诉解决方法
1							
2							
3							
4							
5							
6							
7							
8							
9							
10							
11							
12							
13							
14							
15							
16							
17							
18							
19							
20							
21							
22							
23							
24							
25							
26							
27							
28							
29							
30							
31							
总计							
月总结							

所谓"实证法"就是用令人信服的真实场景与实效展示，实现低成本高效率的对外宣传与动员。

第 Ⅶ 章
CHAPTER SEVEN

广告宣传管理类
Advertising Management

对于那些自信其能力，

而不介意暂时失败的人，

没有所谓失败！

对于怀着百折不挠的意志和坚定目标的人，

没有所谓失败！

对于别人放手而他仍然坚持，

别人后退而他仍然前进的人，

没有所谓失败！

对于每次跌倒立刻站起来，

每次坠地反而会像皮球一样跳得更高的人，

没有所谓失败！

第七章
CHAPTER SEVEN

- 广告策划调研表

- 广告效果评价表

- 广告宣传管理工作流程

- 酒店广告整体费用预算

- 酒店媒体月宣传计划表

- 月竞争对手媒体曝光率分析汇总

广告策划调研表

策划项目名称			
调查区域		调查时间	
调查项目			调查内容
广告 环境 调查	广告相关法令、法规		
	经济因素：人口构成、收入水平、消费水平、社会购买力		
	文化因素：文化素质、宗教信仰、风俗		
	自然环境：地理位置、气候、资源、交通		
媒体 使用 情况	本酒店选择过的媒体种类与名称		
	本酒店选择这些媒体的效果		
	本酒店资金投入是否合理		
竞争对手 媒体 使用情况	竞争对手选择过的媒体种类与名称		
	竞争对手选择这些媒体的效果		
	竞争对手资金投入是否合理		
消费者 状况 调查	需求调查	价值因素对需求的影响	
		心理因素对需求的影响	
		文化因素对需求的影响	
	习惯调查	在酒店内通常的消费方式	
		酒店通常畅销产品说明	
	时机调查	谁是消费决策人	
		此种消费的淡旺时间	
		此种消费的现有主要消费群体和潜在消费群体	

广告效果评价表

广告展示效果比较分析表

表达方式	主要特征	优点	缺点	举例
电视展示				
网络展示				
报纸展示				
墙体展示				
移动媒介展示				
其他展示方式				

广告效果心理反应测定评估表

广告目标	心理过程	效果测定		效果评估
诉求	兴趣产生过程	生理反应指数		
		反应集中度		
		反应累积数		
		评定数		
		反应者数		
	情感产生过程	判定顺序		
		广告影响顾客数		
印象形成	产生联想	联想频数		
	产生印象	印象频数		
态度形成	态度变化	态度尺度数		
		解　释		
		了　解		
	动机形成	反应数		
		名牌变更数		
唤起购买动机	购买行为	购买者数		
		名牌变更频率 (通过广告达到的实际销售效果)		
	决定购买	根据广告决定名牌者率		
		根据广告决定购买者率		
		销售额与利益率		
		广告效果比率		
综合效果测定				
综合效果评估				

广告宣传管理工作流程

酒店进行广告宣传活动的工作流程如下图所示：

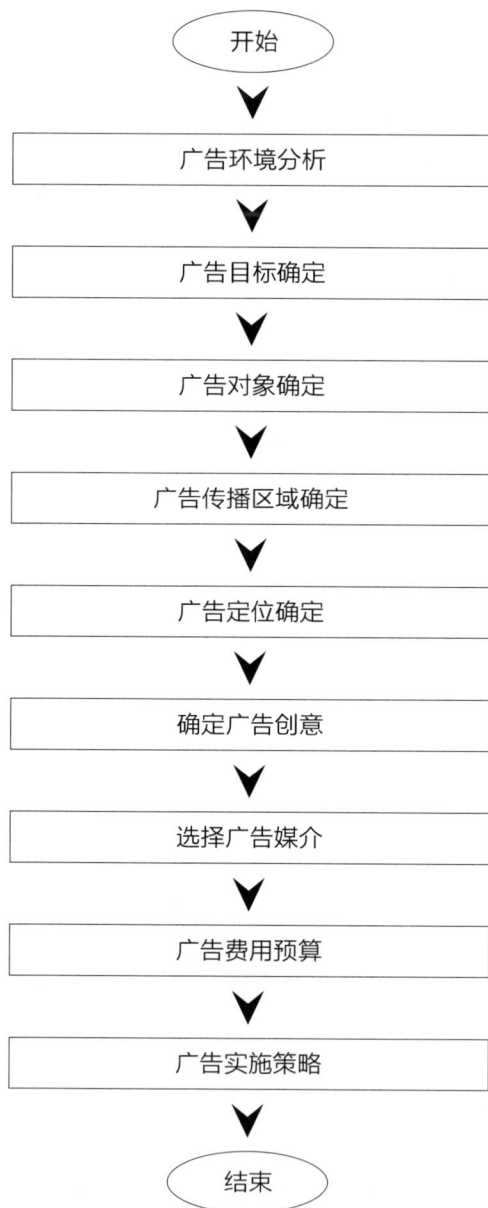

酒店广告整体费用预算

媒体宣传费用（现金）预算

广告投放分项	分项合计	1月	2月	3月	4月	5月	6月	7月	8月	9月	10月	11月	12月
公共节日活动产品推广费用													
利用传统节日推广酒店的应季产品和常规产品费用		新年元旦	情人节春节元旦	妇女节植树节		国际劳动节母亲节	儿童节端午节父亲节		八一建军节七夕情人节	教师节中秋节	国庆节	感恩节圣诞点灯仪式	圣诞节晚会
自创活动产品推广费用													
利用自创节日推广酒店的应季产品和常规产品投放费用		活动1	活动2	活动3	活动4	活动5	活动6	活动7	活动8	活动9	活动10	活动11	活动12
全年长期固定推广投放费用													
全年长期固定推广产品													
总额													

广告额度分配

广告费用支付形式	媒体名称	金额	备注
现金	媒体1		
	媒体2		
	媒体3		
	媒体4		
	媒体5		
	媒体6		
	其他媒体		
合计			
抵值	媒体1		
	媒体2		
	媒体3		
	其他媒体		
合计			

酒店媒体月宣传计划表

NO.	时间	宣传媒体	宣传方式	现金费用	抵值费用	其他形式合作（如免费）	宣传内容
1	月　日（周　）						
2	月　日（周　）						
3	月　日（周　）						
4	月　日（周　）						
5	月　日（周　）						
6	月　日（周　）						
7	月　日（周　）						
8	月　日（周　）						
9	月　日（周　）						
10	月　日（周　）						
11	月　日（周　）						
12	月　日（周　）						
13	月　日（周　）						
14	月　日（周　）						
15	月　日（周　）						
	广告费用合计						

月竞争对手媒体曝光率分析汇总

酒店名称	曝光率	百分比	收费广告曝光次数	收费广告曝光率	免费广告曝光次数	免费广告曝光率	免费广告曝光原因	本月广告费用	备注
合计									

本月各家酒店宣传的重点

酒店名称	主要宣传内容		
	内容1	内容2	内容3

所谓"伏笔法"就是用表面行为与活动隐蔽、掩护、铺垫真正的行为与活动。

第Ⅷ章
CHAPTER EIGHT

会奖市场销售管理类
Exhibition and Awards Sales and Marketing Management

挫折和失败不仅是人的生命中不可回避、

必然出现的组成部分，

而且，它的出现可能使人的生命更加绚丽多姿。

很多失败者在遭受失败时都这样对自己说：

我已经尝试过了，

不幸的是我失败了。

其实他们并没有搞清楚失败的真正含义。

我要送给各位一句我个人最喜欢的西方谚语：

没有所谓失败，

除非你不再尝试。

第八章
CHAPTER EIGHT

会议质量保证书

致：＿＿＿＿＿＿＿＿＿＿＿＿＿　代表：＿＿＿＿＿＿＿＿＿＿＿＿

承办酒店：＿＿＿＿＿＿＿＿＿＿　日期：＿＿＿＿＿＿＿＿＿＿＿＿

此保证书证明本酒店全体员工竭诚为您提供最佳的设施和服务。酒店配有专业的会议设计程序，能保证您的会议圆满成功。会议期间，酒店特向您表示以下承诺，如若违反，酒店将负责赔偿，直到您满意为止。

- 客房提前分配好
- 有会间茶歇服务
- 餐饮按标准执行
- 按功能要求摆台
- 会议经理在您需要的15分钟内到现场
- 允许1万元挂账
- 离店前付清

- 不随意更改会议室
- 提供一间免费房
- 严格按合同办事
- 不随意变动价格
- 提前准备会议设备
- 提前6个月确认房价

保证书有效期从＿＿＿＿＿＿＿＿＿＿　至 ＿＿＿＿＿＿＿＿＿＿＿＿

总经理签字：

抄发：销售总监　　　　　餐饮总监

　　　财务总监　　　　　房务总监

宴会咨询表

调查人：_____ 日期：_____

组织单位：_____

地址：_____ 电话/传真：_____

联系人：_____ 职务：_____

意向：_____

功能：_____ 时间：_____

人数：_____ 日期：_____

候选日期：_____

客房用量：_____ 房价：_____

预定状况：_____ 暂定：_____

已定：_____

未定：_____

菜单形式：_____

跟进日期：_____ 保留日期：_____

跟进结果：_____

场地问题：_____

价格问题：_____

不满理由：_____

其他：_____

提供资料：

酒店宣传册   价目表   保证书   菜单

宴会厅面积图   信贷书   包价介绍   其他

未来十天宴会/会议预测表

序号	状态	日期	时间	项目	公司名称	地点	人数	形式	收入	负责人

备注：状态一栏中需填写所预测宴会为确认、商谈中待确认或仅为报价商讨中等

会议/研讨会问询表

（演讲/演示/洽谈/讨论/其他）

会议日期：_____ 茶歇：_____
会议时间：_____ 种类：_____
预计人数：_____ 时间：_____
保证人数：_____ 价格：_____
不间断服务咖啡/茶：_____
摆台形式：_____ 时间：_____
教室型：_____ 数量：_____
剧院型：_____ 价格：_____
U形台：_____
回形：_____ 主席台/贵宾席特别饮品要求：_____
鱼骨形：_____
酒会式：_____
宴会式：_____
长条桌：_____
长圆台（董事会型）：_____
圆台：_____
主席台及人数：_____
讲台：_____ 音响设备：_____
舞台：_____ 麦克：有线_____
接待台：_____ 无线_____
背景板：自带_____ 立式_____
　　　　酒店制作_____ 台式_____
　　　　要求_____ 领麦_____
横幅：自带_____ 音响：录音_____
　　　酒店制作_____ 卡座_____
　　　要求_____ CD_____
宣传品：_____ VCD_____
布展时间：_____ DVD_____
设备：
翻纸白板_____ 普通投影仪_____
普通白板_____ 幻灯机_____
电子白板_____ 录像机/电视_____
纸、笔_____ 多媒体投影仪 酒店_____
　　　　　　　　　　　　　　　　　　　　　　自带_____

会议名卡及名单_____
签到簿及签字笔_____ 屏幕_____
名片盒_____ 灯光_____
签到台/请赐名片_____ 工程人员_____
鲜花_____

其他：
司机餐费/司机费：_____
指示牌（内容及要求）：_____
停车：_____
备注：_____

签字仪式问询表

(演讲/演示/洽谈/讨论/其他)

会议日期：_____ 茶歇：_____
会议时间：_____ 种类：_____
预计人数：_____ 时间：_____
保证人数：_____ 价格：_____
不间断服务咖啡/茶：_____
摆台形式：_____ 时间：_____
教室型：_____ 数量：_____
剧院型：_____ 价格：_____
U形台：_____
回形：_____ 主席台/贵宾席特别饮品要求：_____
鱼骨形：_____
酒会式：_____
宴会式：_____
长条桌：_____
长圆台（董事会型）：_____
圆台：_____
主席台及人数：_____
讲台：_____ 音响设备：_____
舞台：_____ 麦克：有线 _____
接待台：_____ 无线 _____
背景板：自带 _____ 立式 _____
　　　　酒店制作 _____ 台式 _____
　　　　要求 _____ 领麦 _____
横幅：自带 _____ 音响：录音 _____
　　　酒店制作 _____ 卡座 _____
　　　要求 _____ CD _____
宣传品：_____ VCD _____
布展时间：_____ DVD _____
设备：
翻纸白板_____ 普通投影仪 _____
普通白板_____ 幻灯机 _____
电子白板_____ 录像机/电视_____
纸、笔_____ 多媒体投影仪 酒店_____
　　　　　　　　　　　　　　　　　　 自带_____

会议名卡及名单_____
签到簿及签字笔_____ 屏幕_____
名片盒_____ 灯光_____
签到台/请赐名片_____ 工程人员 _____
鲜花 _____

其他：
司机餐费/司机费：_____
指示牌（内容及要求）：_____
停车：_____
备注：_____

午宴/晚宴问询表

（演讲/演示/洽谈/讨论/其他）

用餐日期：＿＿＿＿＿＿＿＿＿ 酒水安排：＿＿＿＿＿＿＿＿＿＿＿＿＿＿

用餐时间：＿＿＿＿＿＿＿ 酒水包价：＿＿＿＿＿＿＿ 实际消费：＿＿＿＿＿＿＿

预计人数：＿＿＿＿＿＿＿ 时间：＿＿＿＿＿＿＿＿ 保证人数：＿＿＿＿＿＿＿

摆台形式：＿＿＿＿＿＿＿＿＿＿＿＿＿＿＿＿ 价格：＿＿＿＿＿＿＿＿＿

中餐：＿＿＿＿＿＿＿＿＿＿＿＿＿＿＿＿＿＿＿＿ 酒水种类：

西式套餐：＿＿＿＿＿＿＿＿＿＿＿＿＿＿＿＿ 鲜果汁：＿＿＿＿＿＿＿＿＿

自助餐：＿＿＿＿＿＿＿＿＿＿＿＿＿＿＿＿＿ 啤酒：＿＿＿＿＿＿＿＿＿＿

鸡尾酒会：＿＿＿＿＿＿＿＿＿＿＿＿＿＿＿ 红酒：＿＿＿＿＿＿＿＿＿＿

工作午餐：＿＿＿＿＿＿＿＿＿＿＿＿＿＿＿ 白酒：＿＿＿＿＿＿＿＿＿＿

讲台：＿＿＿＿＿＿＿＿＿＿＿＿＿＿＿＿＿＿ 清酒：＿＿＿＿＿＿＿＿＿＿

舞台：＿＿＿＿＿＿＿＿＿＿＿＿＿＿＿＿＿＿ 洋酒：＿＿＿＿＿＿＿＿＿＿

接待台：＿＿＿＿＿＿＿＿＿＿＿＿＿＿＿＿ 矿泉水：＿＿＿＿＿＿＿＿＿

主桌：＿＿＿＿＿＿＿＿＿＿＿＿＿＿＿＿＿＿＿＿＿＿＿＿＿＿＿＿＿＿＿＿

是否用沙发：＿＿＿＿＿＿＿＿＿＿＿＿＿＿＿＿＿＿＿＿＿＿＿＿＿＿＿＿＿

桌位图/平面图：＿＿＿＿＿＿＿＿＿＿＿＿＿＿＿＿＿＿＿＿＿＿＿＿＿＿＿

签到簿：＿＿＿＿＿＿＿＿＿＿＿＿＿＿＿＿＿＿＿＿＿＿＿＿＿＿＿＿＿＿

菜单：＿＿＿＿＿＿＿＿＿＿＿＿＿＿＿＿＿＿＿＿＿＿＿＿＿＿＿＿＿＿＿

鲜花：＿＿＿＿＿＿＿＿＿＿＿＿＿＿＿＿＿＿＿＿＿＿＿＿＿＿＿＿＿＿＿

宴会桌卡：＿＿＿＿＿＿＿＿＿＿＿＿＿＿＿＿＿＿＿＿＿＿＿＿＿＿＿＿＿

桌卡：＿＿＿＿＿＿＿＿＿＿＿＿＿＿＿＿＿＿＿＿＿＿＿＿＿＿＿＿＿＿＿

跳舞板：＿＿＿＿＿＿＿＿＿＿＿＿＿＿＿＿ 音响设备：＿＿＿＿＿＿＿＿＿＿＿

麦克：有线 ＿＿＿＿＿＿＿＿＿＿＿

无线 ＿＿＿＿＿＿＿＿＿＿＿

背景板：自带 ＿＿＿＿＿＿＿＿＿＿＿ 立式 ＿＿＿＿＿＿＿＿＿＿＿

酒店制作 ＿＿＿＿＿＿＿＿＿ 台式 ＿＿＿＿＿＿＿＿＿＿＿

要求 ＿＿＿＿＿＿＿＿＿＿＿ 领麦 ＿＿＿＿＿＿＿＿＿＿＿

横幅： 自带 ＿＿＿＿＿＿＿＿＿＿＿ 音响：录音 ＿＿＿＿＿＿＿＿＿＿＿

酒店制作 ＿＿＿＿＿＿＿＿＿ 卡座 ＿＿＿＿＿＿＿＿＿＿＿

要求 ＿＿＿＿＿＿＿＿＿＿＿ CD ＿＿＿＿＿＿＿＿＿＿＿

乐队： 自带 ＿＿＿＿＿＿＿＿＿＿＿ VCD ＿＿＿＿＿＿＿＿＿＿＿

酒店 ＿＿＿＿＿＿＿＿＿＿＿ DVD ＿＿＿＿＿＿＿＿＿＿＿

乐器与音响设施的连接：＿＿＿＿＿＿＿＿＿＿＿＿＿＿＿

普通投影仪 ＿＿＿＿＿＿＿＿＿＿＿

幻灯机 ＿＿＿＿＿＿＿＿＿＿＿＿

录像机/电视＿＿＿＿＿＿＿＿＿＿＿

多媒体投影仪 酒店＿＿＿＿＿＿＿＿＿＿＿

自带 ＿＿＿＿＿＿＿＿＿＿＿

屏幕＿＿＿＿＿＿＿＿＿＿＿＿＿＿＿＿＿

其他：＿＿＿＿＿＿＿＿＿ 灯光＿＿＿＿＿＿＿＿＿＿＿＿＿＿＿＿＿

司机餐费/司机费：＿＿＿＿＿＿＿＿＿＿ 工程人员：＿＿＿＿＿＿＿＿＿＿＿

指示牌（内容及要求）：＿＿＿＿＿＿＿＿＿＿＿＿＿＿＿＿＿＿＿＿＿＿＿

停车：＿＿＿＿＿＿＿＿＿＿＿＿＿＿＿＿＿＿＿＿＿＿＿＿＿＿＿＿＿＿＿

备注：＿＿＿＿＿＿＿＿＿＿＿＿＿＿＿＿＿＿＿＿＿＿＿＿＿＿＿＿＿＿＿

宴会/会议后客人意见征询表

联系人姓名：_____ 公司名称：_____

活动日期：_____ 参加人数：_____

参加人数：_____ 销售人员：_____

请回答以下问题：

1. 为什么阁下选择了本酒店

1)经人推荐　2)凭以往经验　3)旅行社　4)区域销售办事处　5)广告　6)酒店声誉

7)酒店销售人员的努力　8)其他

2.酒店销售人员

a)对问询的回复速度　b)计划书的质量和内容　c)服务态度　d)产品知识

e)灵活性　f)与其联系的方便程度　g)对细节安排的跟踪执行情况

满意_____ 不满意_____

员工姓名 _____

原因 _____

_____

3.前厅部

a)接待情况　b)服务态度　c)登记/结账速度　d)服务用语

满意_____ 不满意_____

员工姓名 _____

原因 _____

_____

4.餐饮方面

a)茶歇　I.数量　II.种类　III.质量　IV.美观程度

b)食品　I.数量　II.种类　III.质量　IV.美观程度

c)员工服务态度

满意_____ 不满意_____

员工姓名 _____

原因 _____

_____

5.会议/宴会服务操作人员

a)与其联系的方便程度　b)专心服务程度　c)对客人要求的反应　d)服务态度

e)服务速度　f)产品知识　g)处理临场变化的灵活性

满意_____ 不满意_____
员工姓名 _____
原因_____

6.活动场所布置
a)摆台 b)视听装置 c)灯光/音响 d)设备的使用效果 e)通风及空调
f)清洁程度 g)整体
满意_____ 不满意_____
员工姓名 _____
原因_____
_____

7.客房方面
a)房间整洁程度 b)与其联系的方便程度 c)专心服务程度 d)对客人要求的反应
e)服务态度 f)服务速度 g)产品知识 h)处理临场变化的灵活性
满意_____ 不满意_____
员工姓名 _____
原因_____
_____

8.如何评价我们的整体服务标准和设施
_____
_____

9.阁下对今后在本酒店为贵公司安排同样性质/规模的活动是否充满信心
_____
_____

10.我们何时能再为阁下服务
_____

评价/建议
_____
_____

对于占用您宝贵的时间帮助我们完成这个调查,在此万分感谢,这将有助于提高我们的服务水平及完善我们的酒店设施,以期为您更好地服务。谢谢。

宴会预订单

编号:
日期:
宴会销售协调员:

项目: _____ 联系人: _____

电话: _____ 日期: _____

时间: _____ 地点: _____ 活动: _____

台型: _____ 保证人数: _____ 预计人数: _____

宴会部: _____ 餐饮部（厨房、宴会）: _____

_____ _____

_____ _____

_____ _____

_____ _____

_____ _____

_____ _____

_____ _____

客房部: _____ 财务部: _____

_____ _____

_____ _____

_____ _____

_____ _____

_____ _____

_____ _____

_____ _____

工程部: _____ 指示牌: _____

_____ _____

_____ _____

_____ _____

_____ _____

_____ _____

_____ _____

抄送:
市场销售总监、餐饮总监、房务总监、总工、行政总厨、财务总监、前厅部、管事
部、宴会厅

团队大纲

到达日期：

□确定	□暂定	□新建	□修改	□取消

团队详情			
团队名称			
客户联系人（预订人）		客户联系号码	
酒店联系人		酒店联系号码	
到达日期		到达时间	
退房日期		退房时间	
入住总天数			
房间总数		客人总数	

日期	DK	DT	EK	ET	DJS	DS	EJS	ES	总数	到达	早餐	离开

每晚价格	房型	单人	双人	其他
	税	□含税　□不含税	早餐	□含餐　□不含餐
其他				

账单说明				
付款	预订人/其他	□所有费用	□仅房费 □房费加早餐	□杂费 □所有餐饮
	个人付款	□所有费用	□仅房费 □房费加早餐	□杂费
	其他	□所有费用	□仅房费 □房费加早餐	□其他 □所有餐饮
押金	已付费用		付押金日期	
			余款付款日	
付款方式	□信用卡　□现金　□转账/发票　□银行转账　□支票			

房间要求	
提前准备	
礼遇	

前厅部其他信息

客房部其他信息

餐饮部其他信息

其他部门信息

团体活动跟进细则

当接到一个会议团队时，任何一个宴会销售人员都应该最快地获得客人最多的信息并为之准备一份报价。

1.会议时间
● 客人有没有其他的备选日期？

2.地点
● 有没有考虑其他城市？如果有考虑，那是哪些城市，原因是什么？
● 他们是否熟悉此次举办活动的地点？
● 他们是否打算让会务公司或是旅行社代办此次会议。

3.房间需求
● 客人所需的房型，有没有贵宾需要住宿，即行政客房或是套房
● 房间数量及种类
● 入住房间最多的日期及提前或快速入住需求
● 如果以前有同样的会议在别处举行过，应该去询问客人以前举办会议的酒店（这是酒店销售人员从之前举办过活动的酒店获得的团队历史记录，包括客房和宴会）
● 如果由会议组织者预订，需问清楚他们需要的是含或不含佣金的报价，以便我们做出合适的报价方案。

4.会议类型
● 销售会议、研讨会、培训会及各种大型会议
● 与会人数
● 参会人员来自什么地方（如50%的客人来自美国，10%的客人来自亚洲）
● 此次会议的目的
● 会议的主办方（如来询问的是第三方）

5.会场空间需求
● 要获得此次活动的基本流程或纲要
● 会议室的尺寸大小，主会场需要的容量，如有需要还要问清楚展示区域以及分组讨论会议室需求
● 是否需要24小时预留会场
● 是否需要提前布展
● 是否需要秘书台或会务组间

6.餐饮需求
●用餐计划
●任何一个主题或是晚宴的计划
●是否计划在酒店外用餐，如果有的话，是否有关于在户外用餐的任何需求，是否需要酒店给客人建议户外用餐地点

7.音响设备需求
●询问客人是否有自己的音响设备公司（特别是对一些大型会议活动）

8.竞争对手
●了解是否有竞争酒店也在客人备选之列，并且找出是哪些酒店

9.选择酒店的因素
●哪些是决定客户选择酒店的主要因素

10.最终确定时间
●客户在何时会做最终选择
●他们是否计划来参观一下场地
●谁是决定者或是对决定有影响力的人

11.如果会议信息来自直接客户，询问对方是否指定会务公司来为其策划安排会议，另一方面，如果是会务公司，也注意询问是哪家公司，这样可以避免对同一个会议发出不同的报价

会议洽谈明细

姓名及称呼：
职位：
公司名称：
公司地址：
电话：
传真：
邮箱：
日期：

名片

会议/团体名称： _____（　　　人）

房间安排：

房间类型	房价		日期及房数		
	前台价	会议团体价	月 日	月 日	月 日
豪华客房（大床/双床）					
行政客房（大床/双床）					
豪华套房（大床）					
行政套房（大床）					
行政豪华套房					
家庭套					
日合计用房数					

安排说明：

● 以上价格包含/不包含15%的服务费

● 以上价格包含/不包含自助早餐，每间房（　　　）份，如需增加人数，另加收人民币＿＿＿＿元/位

用餐地点（　　　　　　　　　），酒店视团队人数来安排合适地点

用餐时间（　　　　　　　　　）

● 客房内电话外线

	市话	国内长途	国际长途
关	（　　）	（　　）	（　　）
开	（　　）	（　　）	（　　）

● 酒水、小冰箱：开＿＿＿＿＿＿＿　关＿＿＿＿＿＿＿

如开通以上付费项目，付款方式：公司＿＿＿＿＿＿＿＿＿＿＿＿　客人＿＿＿＿＿＿＿＿＿＿＿＿

● 上网服务（免费）

● 其他要求

会议安排/A：

日期	时间	项目	地点	台型	预计人数	原价	优惠价格

· 回复客人前，务必先查看电脑确认当天是否有合适的场地

会议室提供：

●免费提供纸_____，笔_____，水_____，薄荷糖_____

●签到台_____，名片盘_____，鲜花_____

●会议摆设_____

●讲台_____，讲台麦克风_____，讲台鲜花_____

●舞台需求及尺寸 _____

●背景板 _____

●会议室内鲜花_____盆，额外鲜花_____元人民币/盆

●会议指示牌(多功能液晶显示器)，内容：_____，请提前5天给出指示牌内容

●会议使用音响设备及_____个话筒

●灯光特别要求：_____

●贵宾会议坐席卡____个（限20个），如需制作请提前5日提供具体内容

●会议室内白纸板_____个，白板_____个，白板笔_____个

●电脑多媒体投影仪_____个，屏幕_____个，优惠价格为每个____元人民币/天，_____元人民币/半天

●同声传译设备，优惠价格为每套_____元人民币/天，耳机每个_____元人民币/天

●会议室内宽带上网，_____台电脑，收费标准为人民币_____元/天，请提前3天通知酒店

●会议茶歇（上午、下午）_____

●其他设备及要求

| |
| |

会议安排/B（会议套价）：

日期	时间	项目	地点	台型	预计人数	原价	优惠价格

套价说明：

●会议套价全天每位____元人民币，半天每位____元人民币，包含项目：_____

●会议指示牌内容：_____

●免费提供纸_____，笔_____，水_____，薄荷糖_____

●签到台_____，名片盘_____，鲜花_____

●免费提供会议使用音响设备、讲台及___个话筒，额外增加话筒按____元人民币/个

●两次茶歇：时间：上午_____；下午_____

包含咖啡_____，茶_____，水果_____，点心_____

●自助午餐（中式围桌/西式自助），地点_____

●电脑多媒体投影仪及屏幕

●白纸板_____个,白板_____个,白板笔_____个

●会议室内免费上网，_____台电脑

●其他设备及要求

```


```

餐饮安排：

日期	时间	类型	地点	台型	预计人数	原价	优惠价格

备注:

●酒水安排：

酒店优惠套价：中午/晚上，35元人民币+15%/人,提供可乐、雪碧、芬达、矿泉水，可无限畅饮_____小时。

●自带酒水服务费：20元人民币/人，种类： 红酒/白酒/洋酒或其他_____（以便酒店准备相应酒杯）

●接待台_____

●讲台_____

●舞台需求及尺寸_____

●指示牌(多功能液晶显示器)，内容：_____，请提前3天给出指示牌内容

●电脑多媒体投影仪____个，屏幕____个，优惠价格为每个_____元人民币/天

●宴会厅背景音乐及供演讲使用的麦克风、音响设备_____

●其他特别要求

```


```

接送机服务：
客人姓名：
航班号及相关信息：

团队入住手续：
●公司需在团队入住前3天向酒店提供如下客人信息
1.客人姓名和地址；2.入住及离店日期；3.身份证、护照号码或签证号码
●酒店客房入住时间为14:00，延迟退房，时间_____；如需提前入住，时间_____（提前通知，尽力安排）
●酒店客房退房时间为中午12:00，需延迟退房_____间，房租（协议价）：_____，12:00之后收取协议价的50%；18:00之后收取协议价的100%。

押金：

付款时限	内容
月 日（入住前 天）	预付此次会议总消费的30%作为客房、餐饮及会议室的订金
月 日（入住前 天）	预付此次会议总消费的80%（含之前所付30%订金）
会务组或团队负责人离店前	支付此次会议团队在店期间产生的所有费用
其他方式	

付款方式：

	公司	客人	付款方式（现金/转账/信用卡）
客房			
餐饮			
会务			
杂费			
其他方式			

所有会议账单由公司授权签单人_____先生/女士签字认可，并于离店前以信用卡或现金的方式结清所有费用。

销售代表：_____

会议咨询信息共享汇总表

序号	状态	日期	时间	项目	公司名称	地点	人数	形式	收入	负责人

备注：所有销售人员每日将获取的会议、展会或大型活动用房、用餐需求详细填入表格中，避免同一会议多渠道造成报价不统一，让所有销售人员共享经营信息，保证及时有效跟进并达成交易。

团体会议报价

公司名称	
联系人	
地址	
电话	
传真	
电子邮件	
日期	

尊敬的_____小姐/先生：

非常感谢您考虑选择_____作为您此次会议的备选场地。

酒店简介：

根据您的计划，很高兴为您提供以下报价，如有任何需要，请随时与我们联系。
我们真诚地期待能在不久的将来为您及您的客人提供尽善尽美的服务。

团体名称：	

房间安排：

房间类型	房价		房数		
	门市价	会议团体价	__月__日	__月__日	__月__日
豪华客房（大床/双床）					
行政客房（大床/双床）					
豪华套房（小套/大套）					
行政套房（小套/大套）					
日合计用房数					

备注：

●以上价格为每房每晚价

●以上价格为人民币净价，需另外加收15%的服务费

●以上房价包含至多一份（两份，或单人间包含一份，双人间包含两份）中西式自助早餐。如需增加人数，请提前通知酒店，将按每人每天_____元人民币净价收取，如当天临时增加人数，则按餐厅公开价收取，每人每天_____元人民币，另加收15%服务费(酒店有权根据团队人数另行安排用餐地点)

●以上价格仅为此次会议活动所有用餐及会议均在本酒店进行的团体提供，不作为其他活动参考价

会议及餐饮安排：

日期	时间	项目	地点	台型	预计人数	保证人数	优惠价格
		会议					
		茶歇					
		午餐					
		晚餐					

会议室提供：

● 免费提供纸、笔、矿泉水及薄荷糖

● 会场外免费提供签到台

● 免费提供会议指示牌(多功能液晶显示器)，请提前5天给出指示牌内容

● 免费提供会议使用音响设备、讲台及2个话筒

● 免费提供贵宾坐席卡（限20个），额外增加坐席卡按_____元人民币/个，如需制作请提前5日提供具体内容

● 会议室内免费提供1个白纸板（或白板）及2支白板笔

● 如需要酒店提供电脑多媒体投影仪，优惠价格为每个_____元人民币/天，_____元人民币/半天。

● 松下电子扫描白板直接连接电脑的解决方案，优惠价格为_____元人民币/天，_____元人民币/半天

● 免费提供宽带接口

餐饮备注：

● 以上餐饮价格已包含15%的服务费（或需另外加收15%的服务费）

● 以上用餐安排不含酒水、饮料，酒店特为团队宴会提供优惠酒水套价：

_____元人民币/人，提供可乐、雪碧及矿泉水，可无限畅饮2小时

如自带酒水，则另外加收杯具清洁服务费每位_____元人民币（或免收杯具清洁服务费）

● 宴会厅内免费提供背景音乐及供演讲使用的麦克风、音响设备

● 如增加用餐人数请至少提前48小时通知酒店,酒店将会视场地情况给予安排

接送机安排：

目的地	车型	人数	价格/单程/往返
机场—酒店			

交通/附近景点：

_____   _____
_____   _____
_____   _____
_____   _____
_____   _____

酒店特色：

_____
_____
_____
_____
_____
_____

其他条款：

● 未经过酒店同意，本协议价不得直接或间接向任何第三方透露。

● 此价格是为此次活动特别提供的，于此报价发出之日起7日内有效。

● 此函只作报价，不作为任何保留房间及会议室之确认，请您尽早与我们联系确认场地和价格。酒店若接到同期其他预订，将给予先签订合同及预付押金的一方优先确认。

● 如以上所有价格及条款均已被接受，请签字确认并回传至酒店，最终确认合同书将于3个工作日内发出。

● 如会议团体更改其入住时间，酒店保留更改以上所有价格的权力。

_____先生/小姐，我们期待着您对此报价的任何建议或意见，并真诚地希望能够有机会与您共同举办好本次活动，如有任何疑问，请随时与我们联系。

　　此致
商祺

姓名：_____
职位：_____
_____酒店

Tel: _____
Fax: _____
E-mail: _____

酒店会场攻略

宴会厅面积（平方米）	
宴会前厅面积（平方米）	
宴会厅可容纳人数	
多功能小会议室数量及最多可容纳人数	
宴会厅能否分割及可分割数量	
宴会厅距地面纯高度（米）	
宴会厅大门高度及宽度（米）	
客梯数量及可承载人数（单梯）	
宴会厅内结构支柱（直径：米）	
宴会厅顶部垂下的装饰灯具距地面高度（米）	
宴会厅顶部是否具备悬吊点	
宴会厅是否有自然采光及具体结构	
酒店配备灯光和音响设备的功率（千瓦）	
宴会厅内照明灯光控制是几路	
宴会厅能否增加额外供电	
宴会厅是否具备同声传译设备和房间	
酒店可提供的语言服务	
会议场地隔音材料	
会议场地能否上网/类型（拨号/宽带/无线）及收费情况	
宴会厅升降幕布尺寸（平方米）	
多功能会议室背景板颜色及大小（平方米）	
投影、话筒、白纸板及白板的数量	
投影仪流明	
宴会厅舞台两侧有无进出通道	
宴会厅地台高度（厘米）和面积（平方米）	
是否有跳舞地板及面积（平方米）	
宴会厅舞台颜色	
会议场地桌台布颜色	
酒店适合举办的会议和活动类型（请去掉不适合的项）	
酒店曾举办过的主题活动（请填写具体活动名称，供会议买家参考）	

所谓"背景转换法"就是寻找、融入、发挥出背景的力量，以改观自身形象、提升自身价值、放大自身力量。

第IX章
CHAPTER NINE

旅行社市场销售管理类
Travel Marketing Management

知识的积累在于学习，

环境的适应依赖学习，

创新的起点来自学习。

一句话，知识经济就是学习的经济。

随着信息化带动工业化速度的加快，

现实越来越会突出地展现出这样的人生格局：

知识水平、实践能力，将决定一个人的起点和收入；

知识结构、实现范围，将决定一个人的发展空间和发展方向；

知识、实践的创新水平，

将决定一个人的生命质量、工作质量、生活质量。

人生——学习，学习——人生，

既然我们选择了明天，

何怕昼夜兼程。

第九章
CHAPTER NINE

- 旅游团队大纲

- 团队通知单

- 团队入住/离店行李单

- 团队订车单

- 团队订餐单

- 团队客人国籍单

旅游团队大纲

到达日期:

□确定	□暂定	□新建	□修改	□取消

团队详情			
旅行社名称		团单号码	
旅行社联系人（导游）		旅行社联系人手机	
酒店联系人		酒店联系电话	
到达日期		到达时间	
退房日期		退房时间	
入住总天数		客人国籍	
房间总数		客人总数	

日期	DK	DT	EK	ET	DJS	DS	EJS	ES	加床	陪同房	总数	早餐

	房型	单人	双人	其他
每晚价格				
	税	□含税 □不含税	早餐	□含餐 □不含餐
免费早餐券（导游、司机）				

账单说明			
付款	旅行社	□所有费用	□仅房费 □房费加早餐	□杂费 □所有餐饮
	个人付款	□所有费用	□仅房费 □房费加早餐	□杂费
挂账说明				
押金	已付费用		付押金日期	
付款方式	□信用卡 □现金 □转账/发票 □银行转账 □支票			

房间要求	
提前准备	
礼遇	
是否往返	
迷你吧与外线	

前厅部其他信息

客房部其他信息

餐饮部其他信息

其他部门信息

特别信息说明

团队通知单

账号	
团队名称	
公司/旅行社名称	
到达日期	航班号/时间
离店日期	航班号/时间

房型				
房数				

免费房_____ 陪同房_____

日期	叫醒时间	用餐时间	膳食安排			地点	人数	备注
			早餐	午餐	晚餐			

付款方式：

1. _____

2. _____

3. _____

备注：_____

领队姓名：_____ 房号：_____ 签名：_____ 接待员：_____

_____ _____ _____ _____ _____
前台　　　客房部　　　餐饮部　　　礼宾部　　　服务中心

团队入住/离店行李单

入住：　　　　　　　　　　　　离店：

团队到达时间		团队离店时间	
团队名称		团队名称	
团队代码		团队代码	
行李收取时间		行李离开时间	
行李总数		行李总数	
司机签名		司机签名	
地接导游签名		地接导游签名	

跟进人：		核实人：		跟进人：		核实人：	
房号	行李数量	房号	行李数量	房号	行李数量	房号	行李数量

备注：

团队订车单

□酒店自用　　　□客人使用　　　　　　日期：

部门：_____　事由：_____

人数：_____　指定车型号：_____

出车日期：_____　时间：_____

上车时间：_____　目的地：_____

预计回店时间：_____　实际回店时间：_____

申请：_____　批准：_____

使用部门总监/经理：_____　前厅部经理：_____

司机：_____　行驶公里数：_____

出车前公里数：_____　出车后公里数：_____

抄送：礼宾部　　　　蓝联：车队　　　黄联：申请部门

团队订餐单

团队名称：_____

订餐种类　　　□中餐　　□西餐　　□其他

订餐形式　　　□围桌　　□自助　　□其他

用餐时间：_____　□堂食　　□外带　□特殊要求_____

人数：_____　　国籍：_____

用餐标准：_____

其他要求：_____

领队姓名：_____

联系电话：_____

导游姓名：_____

联系电话：_____

酒店负责人：_____

联系电话：_____

团队客人国籍单

序号	旅行社	团队来源地	客人姓名	性别	入住时间	客人国籍	房间号	离店时间	导游姓名	电话	酒店负责人	电话	备注

所谓"捆绑连接法"就是把两个或多个事物，通过某种纽带关系联系起来，进而使一事物借助其他事物，增进该事物的自身价值。

第X章
CHAPTER TEN

长住房市场销售管理类
Long Staying Sales Management

要想会说话，

除了要会运用语言技巧外，

一颗尊重和关爱别人的心也是必不可少的。

愿朋友们都用一颗美好的心，

为痛苦的人说一句安慰的话，

为自卑的人说一句鼓励的话，

为窘迫的人说一句解围的话。

第十章
CHAPTER TEN

- 酒店式长住房报价单

- 长住房客人新入住通知

- 长住房客人续住通知

- 酒店长住客人活动年计划表

- 长住客人信息反馈登记表

- 客人喜好及发生时间登记表

酒店式长住房报价单

公司名称	
联系人	
地址	
电话	
传真	
电子邮件	
日期	

尊敬的_____小姐/先生：

非常感谢您考虑选择_____作为贵公司客人下榻的酒店。

> 酒店简介：
>
>
>
>
>
>

根据您的计划，很高兴为您提供以下报价，如有任何需要，请随时与我们联系。
我们真诚地期待能在不久的将来为您及您的客人提供尽善尽美的服务。

酒店式公寓价格如下：

>
>
>
>
>

●以上价格为人民币报价，已包含15%的服务费。
●以上价格仅对入住公寓三个月以上的客人适用。

交通/附近景点：

_____   _____
_____   _____
_____   _____
_____   _____

酒店特色：

_____
_____
_____
_____
_____
_____

其他条款：

●未经过酒店同意，本协议价不得直接或间接向任何第三方透露。

●此价格是为贵公司特别提供的，于此报价发出之日起7日内有效。

●此函只作报价，不作为任何保留房间之确认，请您尽早与我们联系确认房型和价格。酒店若接到同期其他预订，将给予先签订合同及预付押金的一方优先确认。

●如以上所有价格及条款均已被接受，请签字确认并回传至酒店，最终确认合同书将于3个工作日内发出。

●如贵公司更改入住时间，酒店保留更改以上所有价格的权力。

_____先生/小姐，我们期待着您对此报价的任何建议或意见，并真诚地希望能够有机会为您提供优质的服务，如有任何疑问，请随时与我们联系。

　　此致
商祺

姓名：_____
职位：_____
Tel: _____
Fax: _____
E-mail: _____

长住房客人新入住通知

致：_____

由：_____

日期：_____

主旨：_____

尊敬的各位同事：

　　很高兴通知大家，将有新的客人入住_____。以下是关于此客人入住公寓房间的详细情况。

房间号：_____

入住时间：_____

公司名称：_____

客人姓名：_____

国籍：_____

每月房租：_____

押金：_____

其他优惠条件：1. _____

　　　　　　　2. _____

　　　　　　　3. _____

　　　　　　　4. _____

　　　　　　　5. _____

　　　　　　　6. _____

　　　　　　　7. _____

　　　　　　　8. _____

　　　　　　　9. _____

　　　　　　　10. _____

　　　　　　　11. _____

感谢各部门的支持与配合。

如有任何疑问，请及时与我联系！

顺祝商祺！

抄送：

长住房客人续住通知

致：_____

由：_____

日期：_____

主旨：_____

尊敬的各位同事：

很高兴通知大家，公寓房间_____的客人已签订续住合同。以下是关于此公寓房间续住的详细情况。

房间号：_____

续住时间：_____

公司名称：_____

客人姓名：_____

国籍：_____

每月房租：_____

其他优惠条件：1. _____

2. _____

3. _____

4. _____

5. _____

6. _____

7. _____

8. _____

9. _____

10. _____

11. _____

感谢各部门的支持与配合。

如有任何疑问，请及时与我联系！

顺祝商祺！

抄送：

中国式酒店市场营销百大表格

酒店长住客人活动年计划表

制表日期： 制表人：

活动类型	月份	1月	2月	3月	4月	5月	6月	7月	8月	9月	10月	11月	12月	备注
传统节日类店内活动	活动名称													
	费用预算													
传统节日类拓展活动	活动名称													
	费用预算													
自创主题类店内活动	活动名称													
	费用预算													
自创主题类拓展活动	活动名称													
	费用预算													
每月固定促销类活动	活动名称													
	费用预算													
共计														

长住客人信息反馈登记表

信息反馈时间		信息收录人				
信息反馈人姓名		信息反馈人性质	□在住长住客人	□曾住长住客人	□非长住客人	
信息反馈人所在公司及职位		信息反馈联系电话		E-mail		
反馈信息主旨类别		□新长住客源信息	□其他客源信息	□竞争对手信息	□投诉及建议	□其他信息
反馈信息主旨						
反馈信息内容						
信息奖励建议	信息奖励等级	一级	二级	三级	四级	五级	六级
	具体奖励方法						

155

客人喜好及发生时间登记表

房号：　　　　　房间面积：

房间情况	入住时间	公司名称	客人姓名	房租	押金	其他（合同内的特殊注明及联系方式）
	日期					
备注			内容			

所谓"逆向法"就是采取与正向思维路径相反的思维，寻找比正向思维更为奏效的行动机会。

第 XI 章
CHAPTER ELEVEN

预订管理类
Reservation Management

美国著名励志大师戴尔·卡耐基有这样一段经典的话：

对我们来说，最重要的就是不要去看远方模糊的事，

而要做手边清楚的事。

为明日做准备的最好方法，

就是集中你所有的智慧和热忱，

把今天的工作做得尽善尽美，

这就是你应对未来的惟一有效的方法。

这段话对我们每个人都有很深的启迪，

它告诉我们要活在今天，不要为明天忧虑。

然而，现实生活中被日渐累积起来的昨天和令人担忧的

明天累加起来的重负所压垮的病人太多了，

甚至有的人几乎因为忧虑而自杀。

所以，对于忧虑，你所应该知道的第一件事就是，

如果你不希望它干扰你的生活，

就要想尽办法，让自己过好今天的每一秒。

生活在完全独立的今天。

走出忧虑的人生。

加油！

第十一章
CHAPTER ELEVEN

- 预订单

- 酒店_____年价格体系表

- 房型房态图

- _____年__月酒店客房销售报告

- 日预订取消报表

- 日预订未抵报表

- 客户档案表

- 每月预订电话接听统计表

- 酒店未来七天预测表

- 团体预定变更或丢失报告

- 市场需求与市场价格顺序

- 酒店当日可卖房

预订单

□新订　　　　□变更　　　　□取消

公司名称				确认号	
客人姓名		房数	房型		房价

信用卡			有效期	
入住日期		接机 车型 价格		
离店日期				
到港航班		到港时间		送机 车型 价格
离港航班		离港时间		
联系人			贵宾	
联系电话			传真	

付款方式	公司/旅行社	□所有费用 □房费 □杂费	备注
	个人	□所有费用 □房费 □杂费	
	押金	□收押金 □收杂费押金 □公司担保免收押金 □销售担保免收押金	
	其他	□挂账 □没有签单权 □房价保密	

销售人员		日期		录入		日期	

酒店____年价格格体系表

酒店名称:

酒店地址:

填表人:　　　房间数:

填表日期:

房型	面积(m²)	数量	门市价	前台散客官方网站 淡/平/旺	第三方网站 淡/平/旺	VIP会员价 淡/平/旺	公司价 淡/平/旺	旅行社（淡/平/旺）		订房网
								散客代收代付 （底价）	团队报价 （5间10人）	预留房量
标准间										
豪华间										
行政标间										
套间										

早餐:（ ）免费 （ ）收费　　请注明:早餐____元/人

免费宽带:（ ）有 （ ）无

其他备注:

季节划分:淡季:____ 平季:____ 旺季:____

房型房态图

酒店名称： 制表日期：

序号 楼层	01	03	05	07	09	11	13	15	02	04	06	08	10	12	14	16	合计

楼层平面图展示： 朝向：

布草间	01	03	05	07	09	11	13	15	17	19	21	23	客梯
安全出口	24	22	20	18	16	14	12	10	08	06	04	02	客梯

房型代码	房间类型	房间面积	数量	占总房数比例

除以上内容，还需根据酒店实际情况，提供以下信息：
1.残疾人房，无烟楼层，连通房及特殊楼层或房型需标注出来；2.设备设施配备不同的房间或楼层需标注出来；3.不同房型床规格尺寸及是否有家庭房，如有儿童房需标注出来，如有儿童房规格尺寸及
可加床数量及尺寸标注；4.套房房型及房间设备设施配备需特别标注（如传真机、厨房设备、DVD、家私等）

_____年__月酒店客房销售报告

1.客房收入状况

市场划分	本月实际	本月预算	去年同期	与预算差异	与去年同期差异
散客					
第三方网站					
会员卡					
公司签约客户					
政府签约散客					
旅行社散客					
员工价					
会议、会展					
政府会议					
旅行社团队					
合计					

市场划分	年累计实际	年累计预算	去年同期年累计	与预算差异	与去年同期差异
散客					
第三方网站					
会员卡					
公司签约客户					
政府签约散客					
旅行社散客					
员工价					
会议、会展					
政府会议					
旅行社团队					
合计					

2.总体经营评述

1）

2）

3）

3.预测评述

未来三个月预测

1）

2）

3）

日预订取消报表

预订号	房号	客人姓名	抵店时间	离店时间	取消原因	取消操作人员	取消时间	备注

日预订未抵报表

房号	房型	客人姓名	抵店时间	离店时间	房价	房数	人数	团体单位旅行社订房中心	预订号	备注
合计										

客户档案表

分类	项目					
客户资料	名称		邮编			
	地址					
	电话		传真			
	成立日		注册资金			
	开户行		账号			
	负责人1	职位	教育	性格	出生年月日	
	负责人2	职位	教育	性格	出生年月日	
	联络人1	职位	教育	性格	出生年月日	
	联络人2	职位	教育	性格	出生年月日	
	经营方式	积极	踏实	保守	不定	投机
	业务范围					
	发展情况	兴隆	成长	稳定	不定	投机
	销货对象1		去年营业额		今年营业额	
	销货对象2		去年营业额		今年营业额	
	员工总数	职员	工人	员	外方	共 人
	同业地位或影响力	领导者	员影响力	中等	小型厂商	其他
购买与酒店往来	其他往来竞争酒店			原因	销售人员	
	合约号	折扣	签约日			
	长住号	VIP	其他			
	前年间夜数		消费额			
	去年间夜数		消费额			
	今年间夜数		消费额			
对酒店意见	总体					
	客房					
	餐饮					
	娱乐					
	其他					
备注						

填表人：

每月预订电话接听统计表

日期	新预订		修改		取消		再次确认		咨询		错误电话		其他		合计	
	数量	比例	数量	比例	数量	比例	数量	比例	数量	比例	数量	比例	数量	比例	数量	比例
1																
2																
3																
4																
5																
6																
7																
8																
9																
10																
11																
12																
13																
14																
15																
16																
17																
18																
19																
20																
21																
22																
23																
24																
25																
26																
27																
28																
29																
30																
31																
合计																

填表人：

酒店未来七天预测表

日期	星期一	星期二	星期三	星期四	星期五	星期六	星期日
房间总数							
维修房							
已售房数							
到店客数							
离店客数							
在店客数							
提前离店数							
上门客人							
延房数							
当天预订							
取消							
预订未到							
免费房							
收入							
平均房价							

团体预订变更或丢失报告

日期：

销售代表：_____ □ 住房变更

预订日期：_____ □ 日期变更

更改日期：_____ □ 有意取消

组织单位：_____ □ 确定取消

联系人：_____ 电话/传真：_____

地址：_____

销售代表：_____ 日期：_____

项目	原订	变更
人数		
客房数量		
会议地点		
价格标准		

取消原因：_____

生意去向：_____

意见：_____

市场需求与市场价格顺序

较大的市场需求 （住房率90%~100%）	一般的市场需求 （住房率70%~80%）	较低的市场需求 （住房率60%以下）
"地区的展会或活动"	平稳的客户预订	冬季或春节
报价顺序	报价顺序	报价顺序
报价由高到低	报价由中到低	淡季推广价格
当日最高房价		特价房
套房	较高或低价	
行政楼层		
关闭第三方网站	行政楼层	拓展第三方网站
	豪华间	
担保预订和取消政策	选择性限制第三方网站	无限制取消政策
其他可推荐价格	限制取消政策	其他可推荐价格
无	其他可推荐价格	特价和包价推广
	套房推广价	

酒店当日可卖房

总房数	
−坏房	
−当日在住客房数	
−预订当日抵店客房数	
−延长入住客房数	
+提前退房数	
+预订未抵房数	
+取消客房数	
=可卖房数	

所谓"回避法"就是当遇到难以克服的困难的时候，将困难所对应的问题罗列出来，选择其中容易解决的问题去努力，进而实现低成本克服困难的目的。

第 XII 章
CHAPTER TWELVE

市场收益管理类
Marketing Revenue Management

收益管理是目前饭店管理工作中

一项重要的工作和热门话题，

收益管理的核心问题是定价问题。

因此，收益管理首先要解决的问题是饭店的市场定位；

其次是市场细分；再次是价格组合；最后是产品和服务。

唯有实施收益管理策略，

才能在适当的时候（不早也不晚），

把适当的产品和服务（不多也不少），

按照适当的价格（不高也不低）卖给合适的市场，

达到最大限度提高饭店收益的目的（收入和利润最大化）。

第十二章
CHAPTER TWELVE

- 客房日销售分析
- 每月细分市场产量分析
- 每月细分市场收入分析
- _____年__月至__月客房销售累计对比表
- 本酒店近期市场战略与销售计划
- 年度会议团队销售产量报告
- 每月旅行社市场产量分析
- 下月客房销售指标预测报告
- 客房销售统计和指标
- 年度客房销售预算分解表
- __月高价房销售统计表
- 酒店市场全年预测一览表
- 每月订房中心产量分析
- 年客源地分析汇总
- 每月客房数据分析报告
- 收益管理会议流程表
- 收入管理循环
- 每日客房销售综报
- 公司市场产量分析报告

客房日销售分析

日期	住房率（%）	平均房价	每月收入	未经预订的散客	每日产量（间/夜）

每月细分市场产量分析

单位：间/夜　　　　姓名：　　　　日期：

市场	1	2	3	4	5	......	26	27	28	29	30	31	合计
门市价						......							
公司散客						......							
公司团队						......							
旅游散客						......							
旅游团队						......							
季节包价						......							
系列团队						......							
长住客户						......							
合计						......							

每月细分市场收入分析

细分市场	实际		指标		去年同期		实际与指标差率	
	间夜	平均房价	间夜	平均房价	间夜	平均房价	间夜	平均房价
国内公司散客								
海外公司散客								
国内旅行社散客								
海外旅行社散客								
门市价								
季节价								
政府合同价								
包价								
同行价								
散客合计								
海外旅行社团体								
国内旅行社团体								
国内政府会议								
国内公司会议								
海外公司会议								
团体合计								
长住客房								
住房合计								
免费用房								
酒店自用房								
可售房合计								
住房率（%）								
客房收入								

____年__月至__月客房销售累计对比表

市场划分	2008年同期年累计		2009年实际年累计		2009年预算年累计		与2008年同期对比		与2009年预算对比	
	间夜	收入	间夜	收入	间夜	收入	间夜	收入	间夜	收入
散客										
第三方网站										
会员卡										
公司签约散客										
政府签约散客										
旅行社散客										
员工价										
政府会议										
旅行社团队										

备注：以2008年至2009年作为假设年度。

分析：

本酒店近期市场战略与销售计划

活动内容	日期	活动组织机构和联系人	房间预订状况	备注

年度会议团队销售产量报告

日期	公司名称	会议名称	房间数	人数	客房收入	平均房价	会议收入	餐饮收入	总收入	联系人	电话	销售员

每月旅行社市场产量分析

月份：

序号	旅行社名称	总间夜		国籍	平均房价	接待	收入（万元）	年累计产量	
		团体	散客					间夜	人数

下月客房销售指标预测报告

月份 ___

细分市场	预测				指标			
	占有比率（%）	间夜	平均房价	收入	占有比率（%）	间夜	平均房价	收入
国内公司散客								
海外公司散客								
国内旅行社散客								
海外旅行社散客								
协议公司								
门市价								
季节价								
使馆								
会议								
同行价								
航空公司								
散客合计								
海外旅行社团体								
国内旅行社团体								
国内政府会议								
国内公司会议								
海外公司会议								
团体合计								
长住客房								
免费用房								
住房率合计								
酒店自用房								
可售房比率								
实际住房率								

客房销售统计和指标

细分市场	今年实际				指标			
	占有比率（%）	间夜	平均房价	客房收入	占有比率（%）	间夜	平均房价	客房收入
国内公司散客								
海外公司散客								
国内旅行社散客								
海外旅行社散客								
门市价								
公司价								
季节价								
使馆								
会议								
同行价								
包价								
散客合计								
海外旅行社团体								
国内旅行社团体								
本地会议								
国内会议								
海外会议								
团队合计								
长住客房								
免费用房								
住房率合计								
客房收入								
酒店自用房								
可售房								
实际住房率（%）								

年度客房销售预算分解表

细分市场	1月（31天）			2月（28天）			3月（31天）			第一季度（91天）		
	间夜	平均房价	收入额	间夜	平均房价	收入额	间夜	平均房价	收入额	总间夜数	平均房价	总收入额
商务散客												
国内外协议公司客户												
政府协议散客												
业主客户												
合计												
休闲散客												
第三方渠道												
旅行社散客												
GDS												
自来散客												
合计												
商务团队												
协议公司团队												
会展、展览公司												
合计												
休闲团队												
国内旅行社团队												
国外旅行社团队												
合计												
特殊价格												
员工价格												
免费用房												
长住客房												
合计												
总计												
可供使用房间												
已使用房间												
出租率（%）												
收入合计												
平均每天可供使用房												
可售房间												
已售房间												
出租率（%）												

（续表）

细分市场	4月（30天）			5月（31天）			6月（30天）			第二季度（91天）		
	间夜	平均房价	收入额	间夜	平均房价	收入额	间夜	平均房价	收入额	总间夜数	平均房价	总收入额
商务散客												
国内外协议公司客户												
政府协议散客												
业主客户												
合计												
休闲散客												
第三方渠道												
旅行社散客												
GDS												
自来散客												
合计												
商务团队												
协议公司团队												
会展、展览公司												
合计												
休闲团队												
国内旅行社团队												
国外旅行社团队												
合计												
特殊价格												
员工价格												
免费用房												
长住客房												
合计												
总计												
可供使用房间												
已使用房间												
出租率（%）												
平均每天可供使用房												
收入合计												
可售房间												
已售房间												
出租率（%）												

（续表）

细分市场	7月（31天）			8月（31天）			9月（30天）			第三季度（92天）		
	间夜	平均房价	收入额	间夜	平均房价	收入额	间夜	平均房价	收入额	总间夜数	平均房价	总收入额
商务散客												
国内外协议公司客户												
政府协议散客												
业主客户												
合计												
休闲散客												
第三方渠道												
旅行社散客												
GDS												
自来散客												
合计												
商务团队												
协议公司团队												
会展、展览公司												
合计												
休闲团队												
国内旅行社团队												
国外旅行社团队												
合计												
特殊价格												
员工价格												
免费用房												
长住客房												
总计												
可供使用房间												
已使用房间												
出租率（%）												
收入合计												
平均每天可供使用房												
可售房间												
已售房间												
出租率（%）												

（续表）

细分市场	10月（31天）			11月（30天）			12月（31天）			第四季度（92天）		
	间夜	平均房价	收入额	间夜	平均房价	收入额	间夜	平均房价	收入额	总间夜数	平均房价	总收入额
商务散客												
国内外协议公司客户												
政府协议散客												
业主客户												
合计												
休闲散客												
第三方渠道												
旅行社散客												
GDS												
自来散客												
合计												
商务团队												
协议公司团队												
会展、展览公司												
合计												
休闲团队												
国内旅行社团队												
国外旅行社团队												
合计												
特殊价格												
员工价格												
免费用房												
长住客房												
合计												
总计												
可供使用房间												
已使用房间												
出租率（%）												
收入合计												
平均每天可供使用房												
可售房间												
已售房间												
出租率（%）												

___月高价房销售统计表

序号	客人姓名	房间数量	房型	入住时间	离店时间	间夜	佣金	佣金总额	员工姓名
1									
2									
3									
4									
5									
6									
7									
8									
9									
10									
11									
12									
13									
14									
15									
16									
17									
18									
19									
20									
21									
22									
23									
24									
25									
26									
27									
28									
29									
30									
31									
32									
33									
34									
35									
36									
37									
38									
39									
40									
41									
合计									

部门经理签字　　　　　财务审核　　　　　总经理签字

酒店市场全年预测一览表

C 本城市大事件　H 酒店入住率(高点)　N 酒店入住率(常态)　S 酒店入住率(平淡)　L 酒店入住率(较低)

1月	R B Event，含 1~19 日
2月	R B Event，含 1~16 日
3月	R B Event，含 1~16 日
4月	R B Event，含 1~20 日
5月	R B Event，含 1~18 日
6月	R B Event，含 1~22 日
7月	R B Event，含 1~20 日
8月	R B Event，含 1~17 日
9月	R B Event，含 1~21 日
10月	R B Event，含 1~19 日
11月	R B Event，含 1~16 日
12月	R B Event，含 1~21 日

（续表）

日期	Thu	Fri	Sat	Sun	Mon	Tue	Wed	Thu	Fri	Sat	Sun	Mon	Tue	Wed	Thu	Fri
R	65		106		96		53		45		365					
B	30		106		159		19		51		365					

TOTAL year

1月 / January

日	R	B	Event
20 Thu	L	H	
21 Fri	L	H	
22 Sat	L	H	
23 Sun	L		
24 Mon	L		
25 Tue	L		
26 Wed	L		
27 Thu	L		
28 Fri	L		
29 Sat	L	H	
30 Sun		H	
31 Mon		H	

| R B | 0 0 / 0 14 / 0 0 / 31 17 / 31 31 |

2月 / February

日	R	B	Event
17 Fri	S	L	
18 Sat	S	L	
19 Sun	S	C	
20 Mon	S	H	
21 Tue	S	L	
22 Wed	S	S	
23 Thu	S	S	
24 Fri	S	S	
25 Sat	S	S	
26 Sun	S	S	
27 Mon	S	H	
28 Tue	S	S	

| R B | 0 1 / 0 10 / 0 1 / 14 12 / 28 28 |

3月 / March

日	R	B	Event
17 Fri	H	H	
18 Sat	H	N	
19 Sun	H	H	
20 Mon	N	C	
21 Tue	N	N	
22 Wed	N	N	
23 Thu	N	N	
24 Fri	N	N	
25 Sat	H	N	
26 Sun	H		
27 Mon	N	N	
28 Tue	N	N	
29 Wed	N	N	
30 Thu	N	N	
31 Fri	N	N	

| R B | 0 1 / 8 3 / 15 27 / 8 0 / 31 31 |

4月 / April

日	R	B	Event
21 Fri	N	H	
22 Sat	N	N	
23 Sun	C	H	
24 Mon	C	C	
25 Tue	C	H	
26 Wed	C	H	
27 Thu	C	H	
28 Fri	N	H	
29 Sat	N	H	
30 Sun	N	C	

| R B | 5 3 / 4 13 / 21 14 / 0 0 / 30 30 |

5月 / May

日	R	B	Event
19 Fri	N	N	
20 Sat	C	N	
21 Sun	C	C	
22 Mon	C	C	
23 Tue	C	H	
24 Wed	C	N	
25 Thu	C	N	
26 Fri	N	N	
27 Sat	N	C	
28 Sun	N	C	
29 Mon	N	N	
30 Tue	N	N	
31 Wed	N	N	

| R B | 6 7 / 13 6 / 12 18 / 0 0 / 31 31 |

6月 / June

日	R	B	Event
23 Fri	N	N	
24 Sat	H	N	
25 Sun	H	H	
26 Mon	H	C	
27 Tue	H	N	
28 Wed	H	N	
29 Thu	H	N	
30 Fri	H	N	

| R B | 9 3 / 12 9 / 9 18 / 0 0 / 30 30 |

7月 / July

日	R	B	Event
21 Fri	H	N	
22 Sat	H	N	
23 Sun	H	H	
24 Mon	H	H	
25 Tue	H	N	
26 Wed	H	N	
27 Thu	C	N	
28 Fri	C	N	
29 Sat	C	N	
30 Sun	H	H	
31 Mon	H	H	

| R B | 9 1 / 22 9 / 0 21 / 0 0 / 31 31 |

8月 / August

日	R	B	Event
18 Fri	C	N	
19 Sat	C	N	
20 Sun	C	H	
21 Mon	H	H	
22 Tue	H	N	
23 Wed	C	N	
24 Thu	C	N	
25 Fri	C	N	
26 Sat	C	N	
27 Sun	C	H	
28 Mon	H	H	
29 Tue	H	H	
30 Wed	H	N	
31 Thu	H	N	

| R B | 16 1 / 15 9 / 0 21 / 0 0 / 31 31 |

9月 / September

日	R	B	Event
22 Fri	H	H	
23 Sat	C	N	
24 Sun	C	N	
25 Mon	C	C	
26 Tue	N	H	
27 Wed	N	N	
28 Thu	N	N	
29 Fri	N	N	
30 Sat	N	N	

| R B | 9 4 / 6 11 / 15 15 / 0 0 / 30 30 |

10月 / October

日	R	B	Event
20 Fri	H	N	
21 Sat	H	H	
22 Sun	H	C	
23 Mon	C	H	
24 Tue	C	N	
25 Wed	C	N	
26 Thu	C	N	
27 Fri	H	N	
28 Sat	H	N	
29 Sun	N	H	
30 Mon	N	H	
31 Tue	N	N	

| R B | 11 7 / 14 7 / 6 17 / 0 0 / 31 31 |

11月 / November

日	R	B	Event
17 Fri	N	S	
18 Sat	N	S	
19 Sun	H	H	
20 Mon	H	H	
21 Tue	N	S	
22 Wed	N	S	
23 Thu	N	S	
24 Fri	N	S	
25 Sat	N	S	
26 Sun	H	H	
27 Mon	H	H	
28 Tue	N	S	
29 Wed	N	N	
30 Thu	N	N	

| R B | 0 2 / 12 6 / 18 7 / 0 15 / 30 30 |

12月 / December

日	R	B	Event
22 Fri	S	L	
23 Sat	S	L	
24 Sun	S	H	
25 Mon	S	H	
26 Tue	S	L	
27 Wed	S	L	
28 Thu	S	L	
29 Fri	S	L	
30 Sat	S	L	
31 Sun	S	H	

| R B | 0 0 / 0 9 / 0 0 / 31 0 / 0 22 / 31 31 |

图例 / Legend: C, H, N, S

注：R（客房）、B（宴会）、Event（大事件及活动）

每月订房中心产量分析

月份：

产量排名	公司名称	间夜	平均房价	收入				年累计产量		备注
				房费	餐费	其他收入	小计	间夜	房费收入	

年客源地分析汇总

国家＼年		总人数	%	总人数	%	总人数	%	总人数	%	总人数
总和			100%		100%		100%		100%	

备注：一般情况下当年数据与过去三年的对比分析，了解市场走势。

每月客房数据分析报告

月份：　　　　　　　　　　　　　制表时间：

日期	1	2	3	4	5	6	7	8	9	10	11	12	13	14	15	16	17	18	19	20	21	22	23	24	25	26	27	28	29	30	31	总和	平均值
星期	一	二	三	四	五	六	日	一	二	三	四	五	六	日	一	二	三	四	五	六	日	一	二	三	四	五	六	日	一	二	三		
当日抵达																																	
当日离店																																	
提前离店																																	
自用房																																	
今日增加																																	
今日取消																																	
延时退房																																	
预订未到																																	
自来客																																	
入住率																																	
平均房价																																	
在店房数																																	
客房收入																																	

抄送：总经理、市场销售总监、财务总监、前厅部经理

收益管理会议流程表

序号	讨论议题	主持	时长
1	三个月的预测——客房（住房率、平均房价和客房总收入）		
2	上个星期与本月累计MTD的预订：取消和预订未到 NO-SHOW		
3	月累计的竞争对手的平均房价、住房率和客房收入（MPI、ARI、RGI）		
4	月累计MTD预订来源统计（各预订渠道）		
5	未来两个星期或特殊时间段的竞争对手房间销售价格		
6	销售战略——价格		
7	问题讨论		

收入管理循环

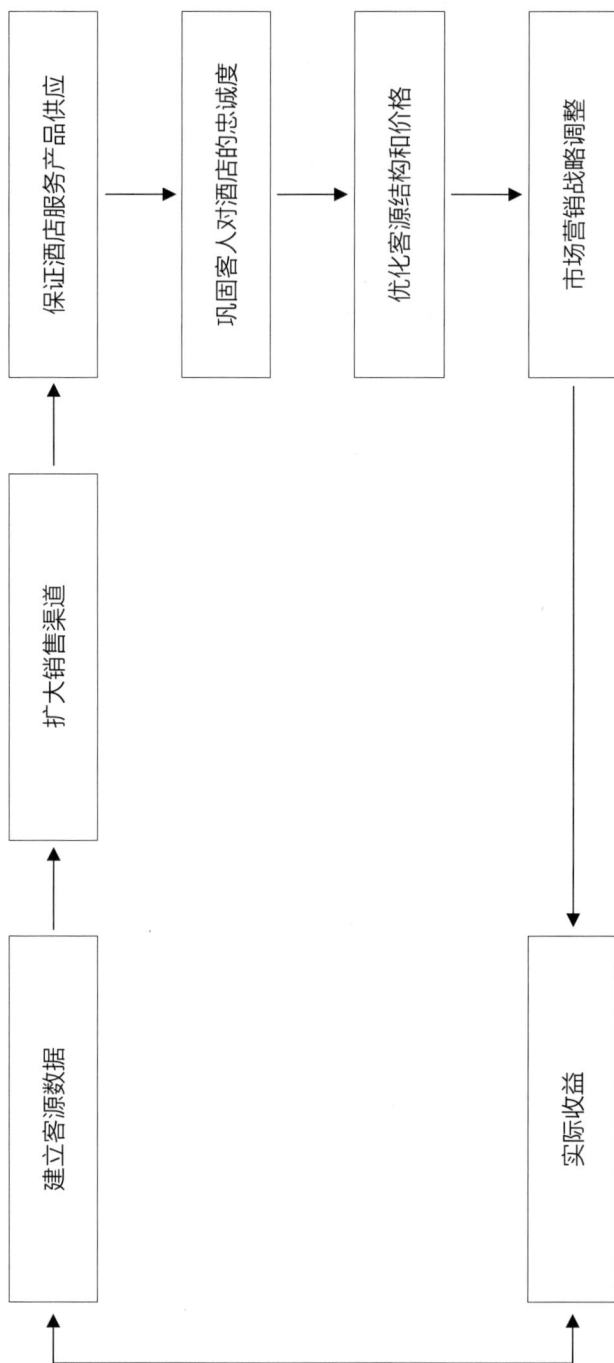

```
                              保证酒店服务产品供应
                                      ↓
建立客源数据 → 扩大销售渠道 →           巩固客人对酒店的忠诚度
                                      ↓
                              优化客源结构和价格
                                      ↓
                              市场营销战略调整
                                      ↓
                              实际收益
```

每日客房销售综报

制表日期：　　　　　　制表人：

本月预算			
房数	入住率	平均房价	房费收入

描述	前日	本月累计	当日实际
可卖房数			
免费房数			
合计卖房数			
自用房			
可用房			
入住率			
平均房价			
房费收入			
平均每间房收益			
未到房数			
取消房数			
自来房数			
半天房			
实际到店			
实际离店			
维修房数			
当日预订数量			
在店房数			
提前离店			

抄送：总经理、市场销售总监、财务总监、前厅经理

公司市场产量分析报告

月份：

序号	公司名称	间夜	平均房价	人数	收入（万元）	年累计产量	
						间夜	人数

把十个创新通法的首字联起来，形成两句话，对某些字用同音字替换，使其具有一定的含义，想到含义，便想到这两句话，就回忆起十个创新通法。推荐的语句为：分组被捆实，移回你服众。

第 XIII 章
CHAPTER THIRTEEN

协议汇总篇
Summary of the Marketing Agreement

人的一生，就像乘坐一辆公交车：

我们知道它有起点和终点，却无法预知沿途的经历。

有的人行程长，有的人行程短。

有的人很从容，欣赏车窗外的景色。

有的人很窘迫，总处于推搡和拥挤之中。

然而与悬挂在车门上、随时可能掉下去的人相比，似乎又感欣慰。

舒适的座位，从登上车的那一刹那，每一个人都在争抢。

有的人很幸运，一上车就能落座。

有的人很倒霉，即使全车的人都坐下了，他还站着。

别的座位不断空出来，惟独身边的这个毫无动静。

而当你下定决心走向别处，刚才那个座位的人却正好离开。

为了争抢座位或保住座位，有的人漠视良心，甚至伤害他人。

有的人却因为这样或那样的原因，不得不将到手的座位让给他人。

有的人经历了长长的等待，终于有了一个座位可以坐下。

但这时他或她已经到站准备下车。

下车的那一刻，回头看着那个座位而感慨。

其实，即使重新上车，他依然会去争抢，因为，有时别说坐下，连站的位置都没有。

除非你永远不坐公交车。

到站的人下了，车上人还在。新的乘客也上车了……

依然熙熙攘攘，依然上上下下……

第十三章
CHAPTER THIRTEEN

- 全球采购协议申请书（RFP）
- 信贷申请表
- 旅行社特殊协议
- 酒店商散协议
- 会议协议书
- 长住房协议
- 旅行社订房协议
- 婚宴协议书
- 婚宴布展协议书
- ＿＿＿＿＿＿年网络订房协议
- 不可撤销担保函
- 房价变更通知书

全球采购协议申请书（RFP）
公司名称：

酒店信息				
酒店名称			酒店代号	
酒店地址				
申请人		职位		申请日期
电子邮件地址			电话	

客户基本信息	
公司名称	公司是否在"跨国企业客户名单"上？是□ 否□
公司联系人	电子邮件地址
职位	电话
地址	传真
城市 国家	邮政编码
预订信息	是否有附件随附？是□否□

是否通过第三方代理预订？是□ 否□　如果是，注明代理商：

RFP是通过酒店集团发送到酒店，还是企业直接发送到酒店，还是不实行RFP形式与酒店签约？

客户差旅住宿信息

上一年该客户在酒店的消费情况	全年间夜数：	全年客房收入(人民币)：

大多数客户要求全年至少入住100间夜才能参加竞标

是否已经与当地分公司有商业往来？　签约价格：　　酒店距离公司：

竞争对手酒店信息	竞争对手酒店名称：

该客户上一年在竞争对手酒店的间夜数：　　客房收入：

竞争对手酒店价格：　　　竞争对手酒店距离公司：

报价：　　　LRA/NLRA：

到目前为止，酒店获悉的能促成协议达成的其他商务信息（如会议、培训、大型活动等）

以上表格中如有未填信息将可能导致RFP竞标失败

RFP竞标申请步骤

1.请首先查询_____的"跨国企业客户名单"，找出本酒店和竞争对手酒店的主要或潜在跨国企业客户。可以联系你的市场销售总监登陆"我的门户"或相关网站查询"跨国企业客户名单"。

2.请查询本酒店的客户资料，选出可以在全球范围内使用本酒店的客户。

3.填完之后请交给该客户的全球销售经理。如果该客户不在"跨国企业客户名单"上，请在"我的门户"网站上查询区域地图，找到负责该客户签约人所在区域的全球销售经理，与他/她协调沟通。

4.与此客户的最初协商由客户总监负责。

5.有关近一步协商，客户总监会与酒店联系商榷。

信贷申请表

说明：填满该表格是重要的。信息不足将导致您的申请迟误。该表背面条款为本表一部分，
当您申请_____酒店之信用账户时应予以了解且接受。

公司名称：_____

公司地址：_____

电话及传真号码：_____

付款联系人：_____

姓名	职务	签名样本
_____	_____	_____
_____	_____	_____

注：以上授权签名如有变化请书面通知我们。未收到书面通知之前，上述签名仍然

有效。公司仍应对此期间发生的费用负责。

开户银行：_____

账号：_____

开户银行地址(全称)：_____

预计平均每月在本酒店的消费金额：US$ / RMB_____

请提供贵公司在大连申请过信用账户的其他酒店：

酒店名称	地址	联系电话
1		
2		
3		

我们在此向_____酒店申请信用账户，同时确认并遵守以下条款：

1.签账权必须由＿＿＿＿＿＿酒店独家授予。

本公司同意在收到酒店账单30天内付清账款。

本公司同意如到期未付清账款，贵酒店有权取消本公司之信用账户而无须给予提前通知，并按要求立即结清一切未付之款项。

只有授权签字人方可在酒店安排住宿、餐饮消费等。所有的安排须以书面形式进行，任何口头安排必须随后进行书面确认。

2.在此附上我公司的营业执照复印件以供参考。

3.贵酒店在追讨任何未付清之账款时，所承担之利息、诉讼费及其他相关开支一概由本公司全面补偿。

本公司在贵酒店挂账超过指定限额时，贵酒店有权向本公司追讨所超过的部分。

4.本公司了解贵酒店有拒绝该项申请之绝对权利。

＿＿＿＿＿＿＿＿＿＿＿＿＿　　　＿＿＿＿＿＿＿＿＿＿＿＿＿

      签名　　　　　　　　　　　公章

日期：＿＿＿＿＿＿＿＿＿＿＿＿

以下部分由酒店填写

推荐人：＿＿＿＿＿＿＿＿＿＿＿＿＿＿＿＿＿＿＿＿＿＿＿＿

建议挂账金额：＿＿＿＿＿＿＿＿＿＿＿＿＿＿＿＿＿＿＿＿＿

评估：＿＿＿＿＿＿＿＿＿＿＿＿＿＿＿＿＿＿＿＿＿＿＿＿＿

＿＿＿＿＿＿＿＿＿＿＿＿＿＿＿＿＿＿＿＿＿＿＿＿＿＿＿

＿＿＿＿＿＿　＿＿＿＿＿＿　＿＿＿＿＿＿　＿＿＿＿＿＿

  部门总监　　　信贷经理　　　财务总监　　　总经理

旅行社特殊协议

感谢您对_____酒店的关心与支持！以下是我们酒店_____年优惠价格。所有价格均为净价，含早餐、15%服务费及城建费。请参考。

有效时间：

客房类型	旺季	淡季

一、返佣条款

1.如需返佣，订房人首先应填写返佣申请表，办理符合酒店要求的银行卡并把银行卡号等信息提供给酒店。

2.申请表经酒店财务部审核通过后，建立佣金账户。

3.所有订房需提前以传真形式预订，并确定所需的客房数量、入住天数及付款方式等。对于没有传真作为依据的订房，将不予以返佣。

4.旅行社订房传真需与签订协议时盖章或所提供的旅行社的名称一致。

5.每月_____日前，旅行社需将上个月的对账单以传真或E-mail的方式发至酒店财务部，联系人：_____ 电话：_____

传真：_____ E-mail：_____

酒店财务部将对此账单进行审核。

二、税率问题

●双方就账单确认无误后，旅行社需在_____日内向酒店财务部提供发票，酒店收到发票后在_____个工作日内将佣金打入旅行社银行账户或卡中。

●双方就账单确认无误后，对于不能提供发票的旅行社，酒店将按_____比例扣税后返佣给旅行社。

其他：

1.以上房间价格含_____元人民币/间夜的佣金。

2.早餐价格：_____元人民币净价/人次。

3.本次活动解释权归属_____酒店。

预祝双方合作愉快！

_____   _____
　　　　销售经理　　　　　　　　　　　　　　　旅行社名称

_____   _____
　　　市场销售总监　　　　　　　　　　　　　　签名和日期

酒店商散协议

日期：_____

地址：_____

电话：_____

传真：_____

尊敬的 _____：

我们非常荣幸为贵公司提供如下20_____年的协议价格：

1.有效期_____

2.房间价格

市场：中国					
季节	日期	房间类型	淡季价格	旺季价格	面积
淡季_____ 旺季_____		标准房（大床）			
		标准房（双床）			
		小套房（一室一厅）			
		小套房（二室一厅）			
		大套房（一室一厅）			
		大套房（二室一厅）			
		VIP专享/行政房			
		行政大床房			
		行政双床房			
		行政小套房			
		行政部长套房			
		行政大套房			
		总统套房			

● 以上房价已包含15%服务费及一份中西式早餐。

● 如双人入住加一份中西式自助早餐，需另付人民币_____元（净价）。

● 合同期内酒店有权根据市场情况调整协议价格，如在_____会、_____节等大型国际展会期间，如需订房请提前与我酒店联系。

● 以上之公司协议价是以贵公司20_____年将在酒店至少使用_____间夜数作为基础而确定的，贵公司在酒店实际使用间夜数将会按季度核算，并依此对贵公司享受的协议价进行调整。

● 人民币与美元的汇率按照当日银行牌价结算。

3.奖赏计划

● 酒店客人将免费成为_____会员，入住时您将获取_____酒店旗下各种品牌积分或飞行里程。

4. 预订保证

酒店将为已付一晚房费抵押或以信用卡作为担保的预订房保留至次日中午12时整。所有信用卡担保之预订，须提供持卡人姓名、身份证号码、卡号、有效期及授权书。

未提供担保之预订，订房保留至当日下午6时，此时间后到达客人之住宿安排，酒店将视当日住房状况而定。

5. 未抵预订

对于任何已担保之预订，若客人因故未能如期抵达，酒店将收取首日晚之房费，其余几日之订房将不予保留。

6. 付款方式

如无特别说明，所有款项需在客人结账时以现金、信用卡或支票等方式支付，不允许挂账。对现金付款的客人我们将按规定收取保证金。

7.客房预订

所有预订请直接同酒店预订部联系。

联系电话：_____ 传真：_____

预订时间：_____

如您在其他时间订房，请与前台联系。

联系电话：_____

8.奖励条款

每季度酒店根据产量排名情况，赠送给公司酒店相关产品作为奖励（如餐券、房券）。

以上之协议价格在贵公司签字认可、加盖公章并于14个工作日内回复一份副本至我酒店市场销售部后生效。我们非常珍惜同贵公司之间良好的合作关系，期望未来的合作愉快、成功。

祝 商祺!

公司名称：_____ 印

公司地址：_____

姓名：_____ 职务：_____

电话：_____ 传真：_____

E-mail：_____ MSN：_____

日期：_____

市场发展总监：_____

销售经理：_____

会议协议书

日期	
姓名及称呼	
公司名称	
公司地址	
电话及传真	

尊敬的_____先生/女士：

感谢您选择_____作为贵公司_____年___月___日_____会议的举办地！同时也很荣幸能有机会为您及贵公司提供服务。

根据您的计划，很高兴为贵公司提供以下优惠方案，我们相信_____一定是贵公司此次会议圆满召开的理想场所！

若您关于此次会议确认合约有任何疑问，请随时与我联系。谢谢！

本合同由_____宴会统筹经理_____小姐/先生与_____公司_____ 小姐/先生于_____ 年___月___日在辽宁省大连市签订。

备注：

该合同包括会议用房、会议室使用、餐饮预订、相关条款及保证金支付等相关细节，详情如下：

房间安排：

房间类型	房价（会议团体价）	日期及房数 (__年_月_日 至__年_月_日)		
		_月_日	_月_日	_月_日
豪华客房（大床/双床）				
行政客房（大床/双床）				
豪华套房（小套/大套）				
行政套房（小套/大套）				
日合计用房数				

安排说明：

● 以上价格为每房每晚价。

● 以上价格已经包含（需另加收）15%的服务费。

● 以上房价包含至多一份（两份，或单人间包含一份，双人间包含两份）中西式自助早餐。如需增加人数，请提前通知酒店，将按每人每天_____元人民币净价收取，如当天临时增加人数，则按餐厅公开价收取，每人每天_____元人民币，另加收15%服务费(酒店有权根据团队人数另行安排用餐地点)。

● 酒店将开通所有房间的市内电话、国内长途及国际长途电话，由公司统一担保退付（或客人自行付押金在前台），所有费用将由会议组织者/公司负责人于离店前统一支付（或由客人于离店前结清）。

●酒店将保留所有房间内的迷你吧、冰箱饮品，由公司统一担保退付（或客人自行付押金在前台），所有费用将由会议组织者/公司负责人于离店前统一支付（或由客人于离店前结清）。

●在会议团体入住前_____天内，酒店允许贵公司会议用房有总房数____%的上下浮动。

●若会议团队入住前_____天内（含入住当天），浮动房数超过所预订房数的____%，酒店有权收取超过此浮动范围的全额房费。

●若会议团队的客人没有按原定离店日期离店，酒店有权向贵公司收取所有提前离店房间的一晚房费作为补偿(提前离店的房间数量可以在房间总和的____%浮动)。

会议及餐饮安排：

日期	时间	项目	地点	台型	预计人数	保证人数	优惠价格
		会议					
		茶歇					
		午餐					
		晚餐					

会议室备注：

●免费提供纸、笔、矿泉水、薄荷糖服务。

●会场外免费提供签到台。

●免费提供会议指示牌(多功能液晶显示器)，并请提前____天给出指示牌内容。

●免费提供会议使用音响设备、讲台及____个话筒。

●免费提供贵宾坐席卡（限____个），额外增加坐席卡按____元人民币/个，请于会议举行____日前提供具体内容。

●会议室内免费提供____个白纸板（或白板）及____支白板笔。

●酒店将提供专业电脑多媒体投影仪，优惠价格为每个____元人民币/天，____元人民币/半天。

●会议室内宽带上网收费标准为____元人民币/天，电脑需自备，不限使用数量。

●以上会议室优惠价格限在双方协商的时间范围内使用，如超出1小时以上则另外加收____元人民币/小时。

●在没有其他活动预订的情况下，酒店允许贵公司在当天提前进场布置（一般可在会议开始前3个小时进场，酒店有权视当天场地使用状况来安排），如超出布展时间酒店将另外加收____元人民币/小时。

●为了客人及酒店的安全，在酒店区域内严禁燃放各种烟花、爆竹、冷焰火、纸制礼花等物品。

●若活动期间因贵公司及所邀请客人造成酒店区域设施、设备的损坏，均由_____公司负责赔偿。

餐饮备注：

●以上餐饮价格已包含15%的服务费（或需另外加收15%的服务费）。

●以上用餐安排未包含酒水，如自带酒水，则另外加收杯具清洁服务费每位＿＿＿元人民币（或免收杯具清洁服务费）。

●请在团队入住前48小时再次确认预计用餐人数和保证用餐人数，与所签合同中预计和保证人数的差别不得超过＿＿＿%，收费将按实际出席人数计算，如实际出席人数不到保证人数则将按保证人数收费。所有用餐一经合同签字确认不得取消，否则将按照取消条款收取取消费用。

●宴会厅内免费提供背景音乐及供演讲使用的麦克风、音响设备。

●如增加用餐人数请至少提前48小时通知酒店，酒店将会视场地情况给予安排。

●酒店谢绝自行外带食品进入酒店，如因自带食品或酒水所产生之任何意外均由客人自行承担。

协议书说明

团队入住手续：

＿＿＿＿＿＿＿＿＿＿公司有义务在团队入住前＿＿＿天向酒店提供如下客人信息，并且贵公司将统一担保取房，入住时无需客人交付杂费押金（或酒店将按正常接待程序向每位客人收取押金办理入住手续），同时，按照相关规定，酒店将收取所有客人的身份证件逐个为客人登记并办理入住手续。

1.客人姓名和地址

2.入住及离店日期

3.如需接送机，请提供航班号及相关信息

4.身份证、护照号码或签证号码

●酒店客房入住时间为14:00，退房时间为中午12:00，如需延迟退房请提前通知酒店，将根据具体时间收取房租：

1)12:00之后收取协议价的50%。

2)18:00之后收取协议价的100%。

●会议代表延迟退房，请到前台办理相关手续，所有费用由客人自行承担。

●贵重物品请自行妥善保管，如有遗失损坏，酒店概不负责。

押金及付款方式：

＿＿＿＿＿＿＿＿＿＿公司将承担以上所提及此次会议期间的客房、餐饮、会务及所有涉及到的费用，并以转账、现金或信用卡的方式按照以下日期支付到＿＿＿＿＿＿＿酒店账户或前台。订金不得提前退还及转让。

付款时限	内容
＿＿年_月_日（入住前_天）	预付此次会议总消费的＿＿%为预付款
＿＿年_月_日（入住前_天）	预付此次会议总消费的＿＿%为预付款（合计＿＿%）
会务组或团队负责人离店前	支付此次会议团队在店期间产生的所有费用

所有会议账单由_____公司授权签单人_____先生/女士签字认可，并于离店前以信用卡或现金的方式结清所有费用。

签单人签名模式：_____

若需银行转账，请转至以下账户：

人民币账户

银行名称：_____

银行地址：_____

开户名：_____

账号：_____

请确认付款方式：　　　□ 现金　　　　□ 信用卡　　　　□ 银行转账

若使用信用卡，烦请填写如下信息：

持卡人姓名：_____　　　卡类/卡号：_____

有效期：_____　　　有效签字人签名：_____

预订取消：

_____公司应自动地将最终名单中标注的总房数作为保证房数。若最终名单中注明的客人没有按照所提供的日期到店，酒店会自动地将此客人的第一晚房费计入贵公司的总账单，如果此客人在整个预订期间都没有入住酒店，酒店会自动将此客人的所有预订期间的房费全部计入贵公司的总账单。

此协议签署后，酒店将为贵公司保留上述确认之用房、用餐及会议室。若此会议取消，酒店将向贵公司按以下约定收取费用：

通知取消时间	违约金
会议30天前60天内取消	收取会议总消费的30%
会议15天前30天内取消	收取会议总消费的50%
会议7天前15天内取消	收取会议总消费的80%
会议前7天内取消	收取会议总消费的100%

如协议书上所签订的确认人数有任何减少或取消，酒店仍将按照协议书上的确认人数收取相关费用。

不可抗拒因素：

本协议当遇到不可抗力的因素，如战争、政府变革、天灾人祸、火灾、罢工、暴乱等一切非本酒店可控制的因素而直接或间接造成不能正常履行此合约以上协议时，将以书面通知另一方，本酒店不承担任何责任，此协议也将被终止或重新修改。

责任及赔偿：

本酒店履行本合约产生的任何不论是因履约、侵权或其他事情所引起的责任；本酒店在任何情况下所负的责任概不超过按本合约项目提供服务所协定的总费用；本酒店为贵公司此次活动所提供的所有价格仅限本次会务活动，在未经过本酒店同意时，不得向第三方透露。

签订日期选择：

以上协议书陈述的所有内容建立在双方可选择的基础上直到＿＿＿年＿月＿日，如果贵公司未在此日期内签字、盖章确认并回传至酒店，酒店有权在未通知贵公司的情况下取消房间、会议室及餐饮的预订。

协议认可：

如贵公司同意以上协议书所有内容，请在协议书每页签字确认，并在最后一页贵公司署名处签字返还酒店。酒店在收到协议并确认无误后签字并将复印本还予贵公司。此协议自签订之日起将对双方产生约束力。签署双方的授权人将对各自所代表的公司负责。

＿＿＿＿＿＿＿＿＿＿小姐/先生，如有任何事需要我们帮助，请随时与我们联系，谢谢！

祝合作顺利！

＿＿＿＿＿＿＿＿＿＿＿＿＿酒店有限公司　　　　＿＿＿＿＿＿＿＿＿＿＿＿公司

＿＿＿＿＿＿＿＿＿＿　　　　　　　＿＿＿＿＿＿＿＿＿＿
　　签名及日期　　　　　　　　　　　　签名及日期

　　　　宴会销售经理
＿＿＿＿＿＿＿＿＿＿
　　签名及日期

　　　　市场销售总监
＿＿＿＿＿＿＿＿＿＿
　　签名及日期

抄送：总经理办公室、财务部、餐饮部

长住房协议

联系人姓名	
职位	
公司	
公司地址	
电话	
传真	

姓名	
职位	
酒店名称	
酒店地址	
电话	
传真	

尊敬的_____先生/小姐：

非常荣幸地得知_____先生/小姐将在 _____年___月___日选择_____

酒店作为您下榻的酒店，期望我们提供的服务能令您满意。

根据您的要求我们将在您入住期间为您提供以下服务：

客房：

入住日期：_____年___月___日

离店日期：_____年___月___日

房型：_____

房号：_____

房间价格：_____

● 以上房价是在连续入住_____天基础上提供的特别优惠价格

● 以上价格包含____%服务费

● 双人入住将加收____元人民币/间夜，此价格已包含每日一份自助早餐

酒店将为长住客人提供以下特别服务：

● 酒店为长住客人提供每日一份免费自助早餐，本优惠不可累计，不可兑换现金或酒店其他消费

● 每周____次清洁打扫（如客人周六周日需要清洁打扫，请提前告知）

● 免费的公共事业费用（水、电费）

● 酒店为长住客人每天免费提供＿＿＿＿瓶矿泉水（＿＿＿＿＿＿毫升/瓶）

● 酒店每周为长住客人提供＿＿＿＿次新鲜水果盘

● 酒店每周为长住客人奉送＿＿＿＿杯鲜榨果汁或啤酒＿＿＿＿瓶

● 酒店每月为长住客人提供自助晚餐券＿＿＿＿张

● 酒店每月为长住客人提供价值＿＿＿＿＿＿元的洗衣抵值卡一张，此卡当月有效，不可累计，不可兑换现金或酒店其他消费

● 酒店为长住客人提供专享单点菜单，并享受免服务费及全单消费再打＿＿＿＿＿＿折的优惠

● 酒店为长住客人免费提供上网服务

● 酒店为长住客人在酒店内各餐厅的消费提供＿＿＿＿＿＿折优惠（不包括宴会、送餐服务及香烟的消费），同时，此优惠不适用于各餐厅的促销活动

● 酒店为长住客人使用酒店洗衣/干洗服务提供＿＿＿＿＿＿折优惠

● 酒店为长住客人使用酒店商务中心服务提供＿＿＿＿＿＿折优惠（代理服务及传真除外）

● 长住客人可免费使用酒店的健身器材，相关服务可享受＿＿＿＿＿＿折优惠

条款及要求：

● 来访客人如需入住酒店必须在酒店前台登记，如需加床服务将收费＿＿＿＿＿＿元人民币/床/夜

● 酒店为长住客人提供的住房仅限于长住客人本人居住使用，不得用于其他用途，不得办理转名、转让、转租或将本合同的权益转让他人

● 长住客人要爱护酒店设施，并在合同期满或提前中止时，将房间内一切设施完整地（正常磨损除外）交还酒店，若因长住客人的原因而导致房间设施的遗失或损坏，客人需全额赔偿

● 长住客人不得擅自改变所租用房间或酒店其他部分的外观及内部结构和设施，在承租期届满或终止时，长住客人须将该房间按交付状态原貌无条件交还酒店

● 长住客人未经酒店书面同意，不得擅自安装、改动任何电器线路，不得擅自在房间内添加大功率电器设备或干扰酒店电器线路的正常运行

● 长住客人拖欠租金或其他应付款项达到或超过＿＿＿＿＿＿天时，酒店有权索赔，中止其信用额度的消费并中止本合同

● 长住客人必须严格遵守中华人民共和国法律、法令和法规，服从酒店的管理及规章制度，不得利用所租房间进行任何违法及违背社会公德的行为，否则后果自负

● 如长住客人欲提前终止此协议，应提前_____天以书面形式通知酒店。如长住客人未在_____天之前通知酒店或未住满_____天酒店将不予退还履约保证金。合同期满后长住客人有意续租，应在到期前10天以书面/口头形式向酒店做出续租要求。如双方无异议，则另行续签新合同。

保证金条款：

长住客人需在入住酒店当天向酒店支付人民币_____元的保证金作为本合同的履约保证金，酒店有权以该保证金冲抵长住客人的应付费用，在合同期满并履行全部付款义务时，酒店将退还长住客人的保证金（免利息）。

付款条款：

长住客人房费及所有应付杂费（包括餐饮消费、电话费、洗衣费等）可通过现金、转账或支票方式每30天结算一次。

确认条款：

为了能够准确及时地为您提供所需的房间及相关服务，请您在_____年__月__日之前将此合同回签确认。

希望上述安排符合您的要求，我们珍视彼此之间建立的长期合作关系，期望在_____年与您进行真诚及有效的合作。若您有进一步的需要，请及时与我们联系，再次对您选择_____酒店作为您入住酒店表示感谢！

顺颂商祺!

　　　　　　酒店

_____　　　　　　　　_____

　　　　　　　　　　　　　　　　　　　　姓名：

　　　　　　　　　　　　　　　　　　　　职务：

　　　　　　　　　　　　　　　　　　　　日期：

抄送：总经理办公室、财务部、前厅部

旅行社订房协议

此协议经_____（以下称_____，位于_____市_____区_____
路_____号）与_____协商，于_____年__月
__日签订。借此旅行社将向其潜在客户销售酒店产品，包括酒店客房、餐饮及酒
店其他服务。酒店将根据以下条款给予旅行社优惠价格。

有效期：_____年__月__日至_____年__月__日

客房类型	门市价	淡季	平季	旺季
豪华间				
团队（单/双）				
散客（豪华单人间）				
散客（豪华双人间）				
行政楼层				
散客（行政间）				
套房				
豪华小套房				
豪华大套房				
行政小套房				
行政大套房				
加床				
陪同房				

淡/旺季

淡季：__月__日至__月__日

平季：__月__日至__月__日

旺季：__月__日至__月__日

合同期内，如逢_____会、_____节等重大节日或政府展览会议等，价格调整，恕不
提前通知！

住房安排：

● ___间及___间以下的订房请直接与酒店预订部联系，___间以上（含___间）的
预订请直接与酒店销售部联系。

●请将入住客人的详细资料及要求（包括客人姓名、性别、国籍、抵达和离店时间
及航班、是否有小孩以及加床和三人间要求等）一并提供给酒店。

●入住时间为下午14时，退房时间为中午12时。

●对于已确认的预订，旅行社方面如有更改，请直接书面通知酒店。但酒店有权根
据实际情况做出最终安排。

团队政策：

● 一次性预订____间房或____位客人以上，并同时抵离为团队订房。

● _____酒店规定如下：

____位付费客人或____间房，免____间的房费。

____位付费客人或____间房，免____间加1/2间的房费。

____位付费客人或____间房，免____间的房费。

____位付费客人或____间房以上的，将根据酒店的处理权决定。

● 付费客人范围中不包括团队全陪人员。

● 优惠免费房累计最多不能超过两间房。

● 随团同期入住的全陪人员房费为人民币____元净价/床/夜（含服务费，不含早餐）但在客房紧张的情况下，酒店有权根据实际情况安排全陪房，并且有权安排同性。

● 旺季期间，旅行社必须于团队入住前____天将全部团款的____%预付给酒店。

其他事项：

● 团队名单/最终确认日期

旺季期间，旅行社须在团队到达前____个工作日将入住名单提供给酒店，若客人入住跨越旺季、淡季，酒店将以入住当日的价格为基础计算房费。

淡季期间，旅行社须在团队到达前____个工作日将入住名单提供给酒店，若客人入住跨越旺季、淡季，酒店将以入住当日的价格为基础计算房费。

● 取消订房及客人没到酒店（并且没有提前通知）政策

旺季期间，若有团队订房取消，旅行社须于团队入住前7个工作日书面通知酒店，如未在规定时间内书面通知酒店取消预订或空占房，酒店将按合同价收取整个团队100%的一夜房费。

付款政策：

● 全部款项应于酒店发出账单后一个月内以现金或支票方式付给酒店。美金与人民币汇率比例以当天牌价为准。

税费及服务费政策：

● 由于政府政策原因引起的有关税费、汇率及服务费方面的变化，酒店有权在合同有效期内做出相应调整。

没有担保的散客预订：

● 旅行社若有散客订房，请提供给酒店具体入住时间，否则客房预订只保留至客人预订到达日的18时。

排除责任：

● 如因自然灾害而造成酒店不能接待，对此酒店将不承担任何责任。但酒店会在力所能及范围内帮助客人。

因故将客人安排他处：

●对于已经确认的预订，若客人抵达后酒店因故不能安排房间，酒店将负责为其安排其他酒店，因安排所产生的额外费用由酒店方面承担。一旦房间允许，酒店将立即竭力为已经确认订房的客人安排入住。

客房预留政策：

●对拥有预留房的旅行社，旅行社方面必须保证至少连续有____%的入住率，否则酒店有权在合同期内减少或收回所提供的预留房。

违约责任：

●双方一旦签约，须按协议认真履行各项义务，任何一方不得单方面解除协议；由于不可抗拒的原因，导致一方或双方不能履约时，经双方协商可免于承担其经济责任。

祝 商祺！

———————————————— ————————————————
　　　　　　酒店　　　　　　　　　　　　　　　公司全称

签字人及日期：＿＿＿＿＿＿＿＿＿　　签字人及日期：＿＿＿＿＿＿＿＿＿

婚宴协议书

姓名：_____先生，_____小姐

电话：_____（先生），_____(小姐)

本协议书由_____酒店宴会销售部_____先生/小姐（以下简称酒店方）

与_____先生、_____小姐（以下简称客户方）于_____年__月__日在

_____省_____市签订。

尊敬的_____先生，_____小姐:

首先请接受来自_____最真诚的祝福！愿您们幸福美满、白头偕老。

非常感谢您选择_____作为您婚宴的活动场所。根据我们的商谈，特别为

您作了以下安排，请确认：

日期	时间	形式	场地	预计桌数	保证桌数	价格
20_年_月_日		婚宴		_人（_桌）	_人（_桌）	人民币_元/人

备注：

●每桌____人，主桌____桌，以____人计

●如自带酒水，则另外加收杯具清洁服务费每位人民币____元

●如实际桌数低于保证桌数，酒店将根据保证桌数收费；如实际桌数高于保证桌

数，酒店将根据实际桌数收费

●若确认的桌数有所增加，请提前至少7天以书面形式告知酒店，酒店将视实际情

况尽量给予安排

婚宴套价包含：

●免费入住豪华海景房一晚，并赠送次日两人份中西式自助早餐（婚宴举办日期起

半年内有效）

●婚房内喜庆布置，并赠送鲜花、水果及精美糖果

●个性化的酒店新婚纪念品（熊猫胖胖玩偶一对）

●菜单详见随附

●婚宴场地精美布置及舞台搭建

●婚宴指示信息

●麦克风及其配套音响设备

●场外免费提供婚礼接待台及签到簿一个

●供拍照用五层蛋糕模型及顶层两磅水果蛋糕

●精致香槟塔一座(5层)及国产香槟酒一瓶

●每桌精美菜牌

●免费提供新娘更衣间

婚宴地点：

如用餐人数发生变化，增多或减少，酒店有权建议更改用餐地点或由双方共同商讨确认。

预付款及结算：

●此次婚宴预计总消费为人民币____元，婚宴结束以实际消费结算。

●确认此婚宴时，客户方应按照以下日期支付到_____酒店账户或前台。如无故取消预订，酒店将按约定比例收取违约金。

付款时限	内容
__年_月_日（合同签订当天）	预付此次宴会预计总消费的50%为预付款
__年_月_日（婚宴3天前）	付清此次宴会预计所有消费另外50%的余款（合计100%）
婚宴当天	支付此次宴会期间产生的所有临时额外的消费

所有账单由_____先生/女士签字认可，并于离店前以信用卡或现金的方式结清所有费用。

签单人签名模式：_____

若需银行转账，请转至以下账户：

人民币账户

银行名称：_____

银行地址：_____

开户名：_____

账号：_____

其他条款：

●如酒店所要求的预付款未在指定日期内收到，此活动的场地预留将被取消，只有当本酒店确认收到费用后，视当时场地预订情况，预订才可恢复。若原预订场地未另行预订给他人，可恢复预订；若已预订给他人，可另行安排场地或时间，对此变动，酒店不承担任何违约责任。

●预计桌数和保证桌数的差异需控制在____%以内。菜量按每桌____位计算。如果人数有大幅变动，则应提前至少7个工作日以书面形式通知酒店以便及时调整，价格另议。若未在上述期限内通知，酒店不保证临时加菜的数量。

●若不能在此活动结束时支付全部消费费用，本酒店将保留款项的追索权，由于延迟付款所产生的经济及法律后果，全部由客户方承担。另外酒店将加收____‰（每天）的逾期滞纳金。

●为了客人及酒店的安全，在酒店区域内严禁燃放各种烟花、爆竹、冷焰火、纸制礼花等物品。

●若活动期间因客户方及所邀请客人造成酒店区域内设施、设备的损坏，均由客户方负责赔偿。

预订取消：

如取消婚宴，客户必须通过书面的形式告知酒店，酒店将按以下约定收取违约金：

通知取消时间	违约金
婚宴15天前取消	收取宴会预计总消费的30%作为违约金
婚宴3天前15天内取消	收取宴会预计总消费的50%作为违约金
婚宴前3天及当天取消	收取宴会预计总消费的100%作为违约金

婚庆布场：

●在没有其他活动预订的情况下，可在当天提前进场布置（一般在婚宴开始前3个小时进场，酒店有权视当天场地使用状况来安排），如超出布展时间酒店将另外加收人民币____元/小时。

布展及附加布置：

●客户对会场的所有布展和装饰必须预先得到酒店书面认可，否则不可在会场的墙上及建筑物上粘贴及悬挂任何物品。

●客户将对所有参加客户婚宴的客人或客户自己聘用的合同商（酒店下属人员除外）造成的酒店场地、建筑物及设备的损坏负责，并立即按照损坏物品的价值赔偿酒店。

●所有附加的布置/道具必须提前与酒店协商，提供相关布置方案并遵守酒店的安全及防火规定，本酒店对任何因违反规定而造成的不利后果恕不负责，如造成酒店损失需照价赔偿。

损坏：

●客户参加活动将自己承担在此期间的风险：客人在此活动期间对本酒店的财产造

成任何的损毁，酒店将向您索赔修理或置换的费用。

责任排除：

●当遇到不可抗力的因素，如战争、政府变革、天灾人祸、火灾、罢工、暴乱等一切非本酒店可控制的因素而直接或间接造成不能正常履行此合约以上协议时，本酒店将书面通知客户，本酒店不承担任何责任，此协议也将被终止或重新修改。

●若由于以上任何一项原因，而使本酒店不能安排此婚宴活动，本酒店将退还全部所收费用。

损失：

●本酒店履行本合约产生的任何不论是因履约、侵权或其他事情所引起的责任，本酒店在任何情况下所负的责任概不超过按本合约签订的提供服务项目的总费用。

尊敬的_____先生，_____小姐，我们将为您保留场地直至_____年__月__日。我们希望您能在_____年__月__日之前正式书面签字确认此合约并传真至酒店宴会销售部，以确保您的婚宴预订。

再次非常感谢您选择_____酒店，我们将竭尽所能使您的婚宴完满成功，如需要我们的任何协助，请随时与我们联系。

预祝此次婚宴取得成功，并祝愿新婚愉快，幸福长久。

诚挚的，

_____酒店有限公司　　客户方

_____
宴会销售经理　　　　　　　　姓名：_____、先生，_____小姐

_____　　　　　日期：_____年__月__日
市场销售总监

抄送:总经理办公室、财务部、餐饮部

婚宴布展协议书

立协议甲方：_____（以下简称甲方）

立协议乙方：_____（布展公司，以下简称乙方）

尊敬的_____先生/小姐：

很高兴与_____公司共同合作为新郎_____、新娘_____的婚礼提供有关会场灯光、音响、背景等布展服务，我们相信_____酒店一定是此次婚宴圆满召开的理想场所！若您关于此次会议布展确认协议有任何疑问，请随时与我联系。谢谢！

该协议书包含在店期间布展的相关条款及保证金支付等相关细节，详情如下：

一、布展施工前：

1.乙方在办理布展手续时，须签订相关布展协议，向甲方交纳人民币_____元布展保证金及_____元的能源费。

2.为了客人及酒店的安全，在酒店区域内严禁燃放各种烟花、爆竹、冷焰火、纸制礼花等物品。

3.乙方在进入酒店布展时带的贵重物品请自行妥善保管，如有遗失损坏，酒店概不负责。

4.乙方在进入酒店布展时，需对施工所涉及到的地面实施防护措施(如自带地垫)。

5.乙方向甲方提供进入酒店的设施、设备清单，在甲方核查登记后按照甲方指定的通道及货运电梯进入酒店，严禁使用客用电梯。

6.甲方将不负责协助布展施工人员搬运物品。

7.乙方在进入酒店布展鲜花装饰时，需按照甲方指定的通道及货运电梯进入酒店，并在甲方指定地方进行鲜花装扮（酒店后方收货平台处），不允许在宴会厅内进行操作。

8.布展时间：

(1)进场时间：_____年___月___日___时，在没有其他活动预订的情况下，可在婚礼前一天提前进场布置（一般在婚礼开始前4个小时进场，如有天台花园布展，可在婚宴开始前5个小时进场，酒店有权视当天场地使用状况来安排），如超出布展时间酒店将另外加收人民币____元/小时(如超过凌晨12:00另外加收人民币____元/小时);

(2) 撤展时间：_____年___月___日___时，如在甲乙双方确认好的撤展时间内未及时撤出酒店，同时影响到甲方下个会议、活动的安排，酒店将根据实际情况收取乙方人民币____元的违约金。

9.乙方进入酒店后，将需要存放的物品及设备按照甲方指定的地点存放，如有任何随意乱放物品，一经发现甲方有权扣押并收取每次人民币____元的违约金。

10.乙方如有在酒店外围周边的布置（如空飘、彩虹门、展架等），需自带沙袋,不可以往地面钉钉子，经甲方同意后方可布置，否则，未经批准而擅自布置所产生的所有责任，甲方均不予承担。

二、装修施工过程中，乙方承诺遵守甲方以下管理规定：

1.乙方对施工现场的安全事故承担全责，同时，对因责任原因给酒店带来的损失承担赔偿；

2.甲方有权对施工现场进行安全等涉及乙方履约行为的检查，及时通知乙方纠正违规现象，从而减少不必要的事故损失，乙方应配合甲方对施工现场的协议项监管；

3.乙方在布展施工时不得擅自拆改和损坏原场地墙体、楼板、梁柱等结构，不得擅自使用未经甲方同意的各种电力设备，不得损坏灯饰、装饰物品等酒店设施，如有损坏，乙方将承担一切后果并照价赔偿；

4.乙方必须接受甲方的消防安全和施工安全管理，动用明火前必须提出书面申请，经甲方审核后方可进行，未经审核擅自动用明火，甲方有权根据酒店消防管理规定进行处罚；

5.施工中拟对原有设施设备进行移动或改装的，必须和甲方确认后方可进行；

6.施工过程中，乙方应尽量避免影响酒店同时间段其他会场的会议和部门的正常工作；

7.布展、施工过程中所产生的垃圾必须按照甲方所指定的地点及时清理干净；

8.乙方施工人员不得擅自动用消火栓等消防设施，违者一次处罚乙方人民币____元。

三、装修施工结束：

装修结束后，乙方撤出所有布展物品后，经甲方确认无误后退还布展保证金。

四、其他事宜：

1.甲方会务协调负责人：_____，联系方式：_____；

2.乙方现场安全责任人：_____，联系方式：_____；

3.本协议于____年__月__日在辽宁省大连市签订，经双方签字确认后生效。

甲方：_____酒店公司　　　乙方：_____公司

代表签名：　　　　　　　　　　　　代表签名：

　年　月　日　　　　　　　　　　　年　月　日

＿＿＿＿＿年网络订房协议

甲 方：	乙 方：
地 址：	地 址：
电 话：	直线电话：
传 真：	传 真：
联系人：	订房中心负责人： 职位：
	手 机：
	E-mail：

　　甲乙双方自签字之日起至＿＿＿＿年＿＿月＿＿日，本着平等互利的原则，经过友好协商，达成以下协议：

第一条 房价

1.双方协议房价：

房型	门市价	前台价	协议底价	协议售价	佣金/间夜	早餐（单早/双早）	可否加床

早餐价格：中西自助早餐＿＿元/人；中早＿＿元/人；西早＿＿元/人；加床：＿＿元/床

注：为满足甲方客人要求，乙方应填写完整以上房价信息，并提供所有房型价格（上述表格不够另附即可）。

2.为鼓励甲方销售，乙方制订以下奖励政策：

第一阶梯：甲方月销售量达____间夜时，甲乙双方协议结算底价从第一间夜起下调____元；

第二阶梯：甲方月销售量达____间夜时，甲乙双方协议结算底价从第一间夜起下调____元；

第三阶梯：甲方月销售量达____间夜时，甲乙双方协议结算底价从第一间夜起下调____元。

3.为保障甲方客人有效入住，乙方为甲方提供____间/天预留房（按每天进店数统计）进行自由预订。

房型_____数量_____；房型_____数量_____；房型_____数量_____。在预留房预订房型和约定数量内，甲方可以先给客人确认，乙方提供给甲方的预留房最晚预订时间为当天18:00，超过此时间酒店有权将剩余房间自由销售。乙方某种房型满房或全满并未及时通知甲方，但甲方已产生预订单，并发送至酒店预订部时，乙方须对甲方订单做末单确认（即最后一张订单确认），并在订单上注明房态信息。

4.在合同执行期内，乙方与甲方签订的协议售价必须低于乙方的前台销售价。如乙方前台阶段性推出促销价低于甲方的协议售价，乙方应提前通知甲方并及时调整甲方的销售价格，调整后的价格必须低于乙方的前台促销价。如乙方前台销售价低于甲方的协议价，因此造成甲方客人投诉，乙方应采取有效措施补偿甲方的经济损失。

5.如乙方通知甲方某段时间无房，而甲方客人却以个人名义在乙方前台被确认有房并向甲方投诉时，乙方必须承认此单，并按双方协议售价确认甲方客人正常入住。同时乙方有义务向甲方客人做出合理解释。上述情形累计发生超出两次，本协议自行终止，甲方将不再为乙方推荐客人预订乙方房间。

6.乙方制订的优惠、打折项目应以书面形式通知甲方，保证甲方的客人在乙方入住期间必须同等享有乙方赋予乙方其他客人的一切优惠服务和待遇。

7.乙方因淡/旺季、节假日、大型展会等调整价格，必须提前一周通知甲方。如乙方变价未及时通知甲方，此期间甲方产生订单乙方应按客人已确认的价格为准。因甲方未收到乙方变价通知，并造成甲方的客人投诉，乙方应承担全部经济损失。

8.乙方的团队定义：____间房以上为团队房，团队价格由甲乙双方根据实际情况进行单团单议。

第二条 预订

1.甲方以传真、邮件、E-Booking等形式向乙方发送预订单，正常订单（指可满足客人需求）乙方必须在接收到订单5分钟之内给予甲方书面确认。非正常订单乙方必须在接收到订单15分钟内给予甲方书面确认。

2.乙方只接待通过甲方预订的客人，如甲方客人未通过甲方直接预订而要求按照甲乙双方相关协议售价直接入住时，乙方对此可以不予受理，且有义务提醒甲方客人应通过甲方预订方可享受相关协议售价入住乙方，乙方也可以按照甲乙双方协议售价先安排甲方客人入住，然后及时通知甲方补办该客人的预订手续，最终将该客人实际入住间夜计入甲方预订间夜量中。

3.对于甲方的特殊、紧急订房，在甲方无法联系到乙方销售部人员时，甲方的预订人员可以发送传真至乙方进行预订（其联系人为_____，联系电话为_____，联系传真为_____）。乙方应按甲方传真内容优先予以接待、安排，并有责任和义务将该订单转至乙方销售部门予以确认回传或直接办理确认回传手续。

4.经过乙方确认的甲方客人的预订，如乙方因某种原因在客人入住当日不能提供住房时，乙方应负责联系同星级的酒店并保障甲方客人按时入住，其房价差额由乙方负责支付。因不可抗力因素导致以上情形发生的，由甲乙双方友好协商，及时解决。

5.当甲方客人在入住乙方期间提出续住、提前离店、增加房间等，乙方应优先满足和安排甲方客人的需求并及时通知甲方，甲方根据客人新的需求更新原订单，生成新的订单发到乙方，乙方及时予以确认回传。

6.如乙方出现满房时，必须提前一天电话或书面通知甲方。如遇到由于大型会议、政府征用房等因素可能致使满房情形发生，乙方应提前一周以电话或书面通知甲方。

7.乙方在停业装修、变更业主或法定代表人等有关双方合作的重大事项发生前应提前三个月书面通知甲方，否则致使甲方遭受损失而不予赔偿的，甲方保留通过诉讼或仲裁等方式要求乙方赔偿损失的权利。

第三条 确认

1.乙方应对甲方每天传来的预订单及甲方"客人在店夜审表"做明确回复，上述文件须乙方相关负责人员签字回传。回复时间为_____。甲、乙双方每月月底统计结算时应以当月发生的由乙方回传给甲方的全部有效预订、夜审名单为依据。

2.甲方客人在六个月内向甲方提出有效入住证明（即乙方给该甲方客人开据的住宿发票），而乙方未在甲方提供的"在店客人夜审表"中予以确认该客人入住情况，经双方核实无误后，乙方应在接到甲方书面通知（含有效入住证明）传真件后三个工作日内予以确认并向甲方返还相关佣金。

第四条 结算

1.甲方于每月5日前将上个月的对账单传真给乙方_____部门（联系人_____、电话_____、传真_____），乙方核对无误后将确认结果传真回甲方的统计结算部。

2.如甲乙双方在核对账目中存有出入，以本协议第三条约定的"在店客人夜审表"及甲乙双方认可的甲方客人提供的有效入住证明为准。甲方客人如出现跨月订房情形，其间夜量计入离店日所属月份。

3.凡通过甲方预订并入住乙方的客人，不论客人最终通过何种方式结账，其间夜量都应计入甲方预订间夜量中并返还佣金。

4.甲乙双方核对账目无误后，乙方应在每月25日以前将上一个月的甲方佣金(不扣税)汇入甲方指定的银行账号中，甲方收到汇款后将按实收佣金数额向乙方开据正式发票。

第五条

甲乙双方应对本协议中除协议售价以外的内容保守秘密，双方均不能以任何理由向第三方泄露本协议有关内容，否则本协议效力自行终止，并由责任方向对方赔偿由此造成的全部经济损失。

第六条

关于本协议的变更、延续由双方以书面形式另行协商确定，由此产生的文件作为本协议的附件，在甲乙双方相关责任人签字、盖章后与本协议书具有相同法律效力。本协议生效期间如其中一方擅自变更或终止本协议，须向另一方赔偿因此造成的全部经济损失。

第七条

本协议合同期满前30日内，如甲乙双方均未书面通知终止合作协议，则本协议自动顺延一年，以此类推。协议须由双方签约代表签字、盖章，一式两份，在约定期限内生效，双方各执一份，具有同等法律效力。

甲 方：	乙 方：
签署人：	签署人：
对账联系人：	财务联系人：
开户行：	开户行：
开户名：	开户名：
账 号：	账 号：
日 期：	日 期：

不可撤销担保函

声明：

1、本担保函分为第一部分和第二部分，两部分均需要担保人在相应位置加盖印章。

2、客人在酒店的住宿、餐饮、消费等一切安排，均需担保人以书面方式予以确认（口头确认的，应在____个工作日内提供书面确认函），否则酒店有权不予安排。

第一部分：预订确认表

		□新订		□变更	□取消	
公司名称				担保函发送至		
				电话		
				传真		
客人姓名	房数		房型	房价	早餐	服务费
					包含	包含
入住日期					□ 接机	
离店日期					□ 车型	
					□ 价格	
到港航班		到港时间			□ 送机	
离港航班		离港时间			□ 车型	
联系人					□ 价格	
联系电话				贵宾		
				传真		
付款方式	公司	□ 所有费用 □ 房费 □ 杂费			公司印章	
	个人	□ 所有费用 □ 房费 □ 杂费				
	押金	□ 收押金 □ 收杂费押金 □公司担保免押金				
特殊要求						
销售经理		日期		订房人姓名		日期

●成人早餐价格标准：_____。

●机场接/送机时间8点后至21点前价格为 _元，其他时间价格为_元，车型为__。

第二部分：担保人承诺

致：

兹有我公司（名称：_____）共_____位客人入住贵司"_____"（下称"贵酒店"），我公司愿意按照本担保函第一部分中"付款方式"所填写的具体情况，分别为客人承担如下担保责任：

1.公司支付所有费用的，我公司将在客人离店后7个工作日内付清全部账款。

2.客人自付所有费用、免押金入住的，如出现客人跑账，我公司将承担连带清偿责任，在收到贵酒店账单之日起7个工作日内我公司将付清全部账款。

3.公司支付房款、客人自付杂费、免押金入住的，如出现客人跑账，我公司将承担连带清偿责任，在收到贵酒店账单之日起7个工作日内我公司将付清全部账款。

4.填写其他付款方式的，如客人跑账，我公司将承担连带清偿责任，在收到贵酒店账单之日起7个工作日内我公司将付清全部账款。

5.无论填写何种付款方式，因我公司或客人未按时付清应付之账款而引起的一切费用（包括但不限于：应付未付账款之利息、诉讼费、律师费、差旅费及其他合理开支）均由我公司负责向贵酒店赔偿。

我公司自愿做出上述承诺并承担一切法律责任。我公司确认：上述情况一旦出现，将放弃对本担保函提出任何抗辩的权力。

我公司确认：本担保函除经我公司盖章确认之外，如无我公司盖章，但经我公司授权人员（姓名：_____，该人员签字留样为_____）签字的，对我公司亦具有约束力，我公司予以认可，并由我公司承担责任。

本担保函的扫描件、传真件同时具有法律意义。

担保人：　　　　　（印章）

年　月　日

房价变更通知书

尊敬的合作伙伴：

您好！

请接受来自_____酒店最真挚的问候！

由于经营需要，_____酒店对酒店房间价格进行调整，请在相应的报价中进行变更：

序号	房间种类	促销价格	早餐	礼遇

有效期：_____年__月__日至_____年__月__日。 其他日期价格按协议价格执行。

注：

1.以上房价包含15%的服务费。

2.早餐：人民币____元/人

由此给您带来的不便，我们深感抱歉，感谢您的支持与协助！

以上如有未尽事宜，请随时与我们联系！

　　　祝

商祺！

甲方：	乙方：
授权协议签署人：	授权协议签署人：
职位：	职位：
业务联系人：	业务联系人：

核心竞争力的概念是，凭借固有的优势、利用保有优势、取得可期待优势，并使三个优势相互转化，以高效率、可持续获取商业利益的能力。也就是说，核心竞争力包含着四个能力：优势的凭借、利用、取得、转化能力。

第XIV章
CHAPTER FOURTEEN

市场营销制度
Marketing System

营销是一种实践，

营销永远是企业创新的课题，

营销的任何概念都无法固化，

其内涵总是不断地演化和丰富。

而每一次认识上的突破，

都必然推动企业发展发生质的变化，

企业要保持持续发展在很大程度上取决于对营销理解的升华。

营销是一种实践，

实践的基本特征就是行动，就是探索。

营销的实践性决定了我们对营销的认识永无止境。

实践会不断提出新的问题，

这也就为营销提供了新的动力。

谁在这一点上懈怠了，

谁就会面临被淘汰的命运。

第十四章
CHAPTER FOURTEEN

- 市场营销制度

- 市场营销运作规程

- 市场营销工作运作程序与内容

- 营销管理

市场营销制度

制度目的	1.确定、巩固、扩展酒店的目标市场 2.培育新的目标市场，保证酒店的新产品开发 3.通过对顾客的售后服务和跟踪调查，了解市场状态 4.协调不同部门之间的涉及市场营销的工作，树立酒店全员营销意识 5.通过各种公关和营销手段（价格、产品、促销、分销和广告等）树立酒店形象，增强员工对酒店的向心力和在公众中酒店的美誉度
市场营销职责划分	1.市场营销总监负责整个酒店的营销总体方案的拟定、组织落实、贯彻实施、协调沟通和监督控制工作 2.市场营销部在市场营销总监的领导下具体运作酒店总体营销方案；负责策划公关事件，树立酒店在相关公众（顾客、社区、政府部门、关系企业、业主、管理者和员工等）中的良好形象 3.酒店全体员工都应有岗位营销和人员促销的意识与责任 4.总经理是酒店理所当然的第一营销与公关大员；一线部门经理也是本部门的第一营销与公关人员 5.酒店营销将坚持"岗位营销、兼职营销和专业整体营销相结合"的基本营销原则

市场营销运作规程

执行阶层	方式与频率	主要工作内容
直接对客服务部门	树立"岗位营销"意识，在对客服务中贯彻酒店制订的营销方案；与市场营销部协作共同完成产品创新、促销方案的落实和重大活动的协调	1.提供所在岗位的优质服务 2.积极推销部门产品 3.以自己的标准化与个性化服务行为规范，树立酒店的良好形象 4.部门经理层级的人员直接负责本部门和酒店产品的销售工作 5.及时处理顾客投诉，维护酒店声誉 6.建立营业部门与市场营销部的"工作联席会议制度"，共同拟定产品创新、对客服务策略、价格政策、促销方案，并按照分工分别进行落实；具体组织工作由市场营销总监负责
市场营销部经理	定期组织本部人员制定整个饭店的市场营销总体方案，并报市场营销总监审定，在现代市场营销理论的指导下，具体运作酒店整体产品的市场营销工作	1.组织本部人员进行市场调查，了解本酒店产品所涉及的市场上顾客、竞争对手、政府政策等情况，进行市场细分，确定本酒店产品的市场定位；以建立酒店竞争档案和不断根据情况进行调整作为衡量标准 2.拟定酒店的营销政策，包括价格政策、竞争策略、产品开发政策、分销政策、广告政策和人员推销政策等；定期参加市场营销总监召开的由有关部门参加的"酒店价格政策制订与调整会"，提供必要的市场信息，并为确定价格的基本政策和进行必要的调整提供建议 3.根据市场环境的变化，与有关部门配合制订酒店新产品的开发、市场拓展和新的目标市场培育计划，并组织实施 4.组织本部门人员直接从事酒店产品的销售、广告工作 5.组织做好售后服务和跟踪调查工作，并把顾客的反馈整理后，以建议或意见的形式报市场营销总监

（续表）

执行阶层	方式与频率	主要工作内容
市场营销部经理		6.定期对市场营销部工作及效果进行总结与评价；制订下一时期的市场营销发展计划 7.拟定市场营销部的各种公关方案，以塑造良好的酒店形象；拟定酒店"危机公关预案"，处理对酒店形象造成不良影响的意外事件 8.负责拟定客户识别系统（CIS）的整体策划、运作与发展方案，报市场营销总监审批 9.与有关部门一起，从市场营销的角度出发，对酒店发展战略提出建议
市场营销总监	对一定时期酒店的市场营销工作做计划与总结；对市场营销部的工作进行监督与指导；协调酒店各部门的市场营销工作	1.召集所属各部门经理制订酒店一定时期市场营销计划，报总经理批准 2.督导市场营销部的各种市场营销方案、公共关系策划、CIS的运作 3.负责酒店全员营销、整体营销观念的培育 4.协调涉及酒店各部门的营销方案的执行 5.在酒店高层决策会议上，作为顾客的代表，以现代科学的营销观念为指导，参与制订酒店的战略发展计划
总经理	确立科学的市场营销理念，审批整体营销方案，参与对酒店形象有重大影响的各种活动	1.作为酒店代表参加各种社会活动、接待VIP顾客，协调与酒店发展有重大关联的公众（政府部门、相关企业、团体组织等）的关系 2.确立酒店"以市场营销为导向，一线在市场"的经营观念 3.审核批准由市场营销总监报送的酒店整体营销方案 4.直接参与对酒店形象有重大影响的意外事件的处理

市场营销工作运作程序与内容

程序	内容
市场调查 与 市场定位	1.市场是酒店生存的基础，只有向市场提供满足其需求的产品，酒店的生存与发展才能有可靠的保证 2.了解和掌握消费者的类型、特征、区域和分布 3.按照一定的标准进行市场细分，如对会议市场，按主办者分类，可细分为政府部门会议、企业洽谈会、社团法人联谊会等；按会议性质分类，又可细分为总结表彰会、招商洽谈会、非业务性聚会等 4.了解市场环境（政府政策、宏观经济状况、消费观念和竞争企业等）和酒店自身的实力与不足 5.在以上分析的基础上，确定酒店的目标市场
产品设计 与调整	1.目标市场的需求是产品设计的基础，这种需求既包括现实的，也包括潜在的 2.确定酒店的产品政策，如产品线的宽度（客房、餐饮、康乐、旅行和商务等）、产品组合策略 3.根据市场需求的变化，确定产品更新政策
市场营销 组合	1.营销手段是各种各样的，也是不断发展的，为此要求酒店以顾客满意为中心，进行自己的市场营销组合 2.基本的营销组合是"4P" 产品（Product）——产品是营销的对象，也是营销的基础；就后者而言，酒店向目标市场提供的产品组合必须能够满足其基本需求 价格（Price）——价格是基本竞争手段，酒店要根据不同的目标市场和不同的时期制订相应的价格；但是，价格竞争不是酒店的目的，从长期来看，以服务、质量与创新为酒店的非价格竞争是市场营销的基本出发点。"以价格换市场"是酒店"战略性价格"政策的体现 促销（Promotion）——促销包括广告、人员摊销、公共关系、企业形象（CI）策划与组合等

中国式酒店市场营销百大表格

（续表）

程序	内容
市场营销组合	分销渠道（Place）——分销渠道不应只有酒店自己的促销，还要有相应的分销网络；在旅游市场上，包括旅行社、旅行代理商、特约代理及其他流通企业营销网络中的有机组成部分 3.营销组合的实施是市场营销部的职责，但也是整个酒店各部门的工作，比如酒店的产品组合就应由市场营销部、一线营业部门、直接对客服务部门共同参与来完成
售后服务与跟踪调查	1.科学营销过程应延伸到顾客的消费或购买后的评价过程，为此，酒店的市场营销策略要包括售后服务的环节，一方面加深顾客对本酒店的印象和美好感情，消除消费过程中的某些误解，弥补服务过程中的某些不足，促使顾客重复购买；另一方面也使其成为酒店"编外营销员" 2.售后服务可以对重要客户上门走访、电话联络、节假日寄发贺卡、邀请来饭店聚会等形式进行 3.跟踪调查的目的是了解上一阶段的营销效果和为下一阶段的营销组合的制订提供客观依据；调查的主要形式有发放问卷、电话询问、信件往来、走访调查等
市场营销策略	1.市场状况是不断变动的，酒店本身也在不断发展；某一时期的市场营销策略在实施了一个阶段后，可能不再适应酒店的需求；所以，科学的营销制度应包括市场营销发展策略 2.市场营销策略的制订要与酒店整体的发展相适应，或者说是酒店发展战略在市场营销领域的具体体现 3.长期的酒店发展战略应反映出营销观念（经营观念、销售观念、关系营销和绿色营销等）的更新 4.在市场营销策略的指导下，进一步制定相应的市场营销方案

244

营销管理

1.无论营销组合如何变化，应以消费者为根本出发点

2.市场占有率是衡量市场营销效果的主要指标

3.."顾客需求-产品-宣传-服务与承诺"将是市场营销管理中的基本环节

4.营业部门与市场营销部门的有机配合将是保证酒店整体营销工作成功的关键所在

本章内容参考文献：齐善鸿.酒店管理创新理论与实践.北京：人民邮电出版社，2006

■ 鸣谢

　　一本著作的完成需要许多人的默默奉献，闪耀的是集体的智慧。其中铭刻着许多艰辛的付出，凝结着许多辛勤的劳动和汗水。

　　本书在策划和写作过程中得到了大中华酒店管理公司、大连百年汇豪生酒店领导的支持，得到了许多同行和同事的帮助，及许多老师的大力支持，在此向他们致以诚挚的谢意：

　　蒋伟跃、牟忠华、徐艳、苏志先、宋媛媛、董志明、卢乐、王娜、孙冬妮、刑全超、赵林芳、展菲、李戈、许晶、徐莉媛、赵梓涵、刘笔浓、安培德、崔博、王晨曦、徐田力、张国顺、张淑秋、王晶、李敏、王黎春、苍昕、郭红、孙丽华、白秀坤、郭小杰、杨光、由彩怡、王洪欣、周东霞、李庆新、徐毅、张晓东等。

　　阅读是一种享受，写作这样一本书的过程更是一种享受。在享受之余，我们心中也充满了感恩。因为在写作过程中，我们不仅得到同行的帮助，还借鉴了其他人智慧的精华。相信你们劳动的价值不会被磨灭，因为它给读者朋友们带来了宝贵的精神财富。